Hauswirtschaft⁺ Digitale Kompetenzen

von
Karoline Baumann
Gisela Machunsky

Dr. Felix Büchner • Handwerk und Technik • Hamburg

Geleitwort

Machen Sie doch mal kurz die Augen zu und betrachten Sie mit mir: Eine junge Frau mit einem Tablet in der Hand unterhält sich lachend mit einer älteren Dame, die ihr einen Stapel sauberer Wäsche überreicht. Eine Auszubildende der Hauswirtschaft ist zu sehen, die mithilfe einer App die Fachbegriffe erlernt. Und in einem weiteren Raum erblicken Sie einen Mann, der einer Mitarbeiterin anhand von Piktogrammen auf seinem Tablet ihre nächste Aufgabe erklärt.

Utopie? Nein, das ist heute Realität. Und zukünftig werden diese Szenarien überall zum Alltag der hauswirtschaftlichen Fachkräfte gehören, denn sie kennzeichnen das neue Berufsbild der Hauswirtschafterinnen und Hauswirtschafter.

Dieses Fach- und Arbeitsbuch leistet einen hervorragenden Beitrag dazu, den Auszubildenden in der Hauswirtschaft die Medienkompetenzen zu vermitteln, die sie für ihre Prüfung und in ihrem Beruf brauchen. Ebenso findet die erfahrene Fachkraft hier Anregungen für ihre Fortbildung.

Es wird deutlich: die neue Ausbildungsordnung von 2020 hat das Niveau der hauswirtschaftlichen Berufsausbildung erheblich angehoben und passt es somit den steigenden Anforderungen in der Praxis an. Damit wird der vielseitige Beruf zukunftsfähig.

Ich wünsche den Lernenden und Lehrenden viel Spaß und den gewünschten Erfolg mit den Lerninhalten und den neuen Lernformen.

Ihre

Sigried Boldajipour

Sigried Boldajipour, Präsidentin

Die Stimme der Hauswirtschaft: www.hauswirtschaftsrat.de

Wir wünschen allen Nutzern des Buches, dass der professionelle Umgang mit digitalen Medien gelingt und damit der Fachbereich Hauswirtschaft innovativ an der Zukunft mitgestaltet. In diesem Lehrwerk sind wie im gesamten Fachbereich Hauswirtschaft alle Geschlechter angesprochen und diese sind auch gemeint, wenn nur ein Begriff wie Fachkraft, Hauswirtschafterin oder Hauswirtschafter geschrieben steht.

Ein besonderer Dank gilt Frau Carola Holler von der Hochschule Fulda für ihre Unterstützung.

Verlag Handwerk und Technik

ISBN 978-3-582-04226-2 Best.-Nr. 4226

Verlag Dr. Felix Büchner GmbH & Co. KG – Handwerk und Technik GmbH,
Lademannbogen 135, 22339 Hamburg; Postfach 63 05 00, 22331 Hamburg – 2021
E-Mail: info@handwerk-technik.de – Internet: www.handwerk-technik.de

Satz und Layout: CMS – Cross Media Solutions GmbH, 97082 Würzburg
Umschlagmotiv: PR Image Factory/Shutterstock.com; Melpomene/stock.adobe.com
Druck: Beltz Grafische Betriebe, 99947 Bad Langensalza

Inhalt

Lernsituation zu Teil A

Sie sind Auszubildende Hauswirtschaft in der gemeinnützigen Einrichtung „Am Eichenhain“. Dieses große Zentrum umfasst zahlreiche Geschäftsbereiche:

- Altenhilfe
- Ausbildungszentrum
- Hotelzimmer für Angehörige
- Kinder- und Jugendhilfe
- Hilfen für Menschen mit geistiger Behinderung
- Mobiler Dienst

Ihr Arbeitsbereich ist das Dienstleitungszentrum Hauswirtschaft, das die Bereiche Küche, Reinigung, Textilpflege, Gästebewirtung sowie den Gebäudeunterhalt umfasst. Zudem betreibt der Servicebereich Hauswirtschaft ein kleines Ladengeschäft „Am Wäldle“, in dem liebevoll Selbstgenähtes wie z. B. Taschen, Kulturbeutel, Kinderrucksäcke oder Nadelkissen, Schmuck und andere kreative Geschenkideen angeboten werden. Je nach Saison gibt es selbst hergestellte Fruchtaufstriche, Pestos und noch vieles mehr.

Jedes Jahr findet im Herbst ein großer Basar im Rahmen eines Tages der offenen Tür statt, genannt „Herbstzauber“. Dafür ist für den Bereich Hauswirtschaft ein attraktiver Flyer zu erstellen. Dieser soll den Bestandskunden per E-Mail zugeschickt werden, eventuell in den sozialen Medien veröffentlicht und ansonsten an verschiedenen Stellen ausgelegt werden. Zusätzlich wird überlegt, von den Vorbereitungen und auch vom Basar selbst verschiedene Beiträge auf dem Instagram Account Ihres Ausbildungsbetriebes zu posten.

Digitalisierung:

Informationen werden codiert, damit ein Rechner (Computer) diese verarbeiten und darstellen kann.

Betriebliche IT-Struktur

Die Einrichtung ist mit einer Client-Server IT-Architektur ausgestattet. Die Vernetzung erfolgt durch ein LAN. Auf dem gesamten Gelände ist zudem ein WLAN nach Anmeldung nutzbar.
Das Dienstleistungszentrum Hauswirtschaft verfügt über ein Büro, das mit Desktop PCs ausgestattet ist. Die verschiedenen Bereiche arbeiten mit Laptops bzw. Tablets. Den Auszubildenden wird für die Dauer der Ausbildung ein Dienstlaptop mit üblicher funktionsübergreifender Standardsoftware zur Verfügung gestellt.

In der heutigen Zeit ist die Digitalisierung allgegenwärtig. Wir hören und speichern Musik auf Smartphone oder Tablet. Dank des Navis finden wir uns überall zurecht. Selbst über das Wetter und die neuesten Nachrichten informiert uns das Internet.

Hardware

Der Einsatz von Computern ist privat und in allen Bereichen der Wirtschaft selbstverständlich geworden. Die Nutzung in beruflichen Tätigkeiten erfordert jedoch grundlegendes Fachwissen.

Hardware sind alle Teile des Computers, die man anfassen kann.

Alle Computer, ob PC (Personal Computer) oder Computer in Geräten wie z. B. einer Waschmaschine, funktionieren nach dem EVA-Prinzip:

Software sind alle Programme und Daten, die den Computer nutzbar machen.

Eingabe- ⟶	**V**erarbeitung- ⟶	**A**usgabe
Daten und Anweisungen werden in den Computer eingegeben.	Eine Zentraleinheit des Computers verarbeitet die Daten mithilfe eines Programmes.	Über Ausgabegeräte werden die Ergebnisse aus- und weitergegeben.

Mainboard mit Schnittstellen

Personalcomputer sind in verschiedenen Bauformen erhältlich. Standgeräte gibt es in verschiedenen Größen zum Hinstellen (Tower) oder als Desktopgeräte, die auf dem Tisch liegen. Auch gibt es inzwischen große Bildschirme, in die ein Computer eingebaut ist, die also keine Tastatur haben.

Hardware-Eingabegeräte:

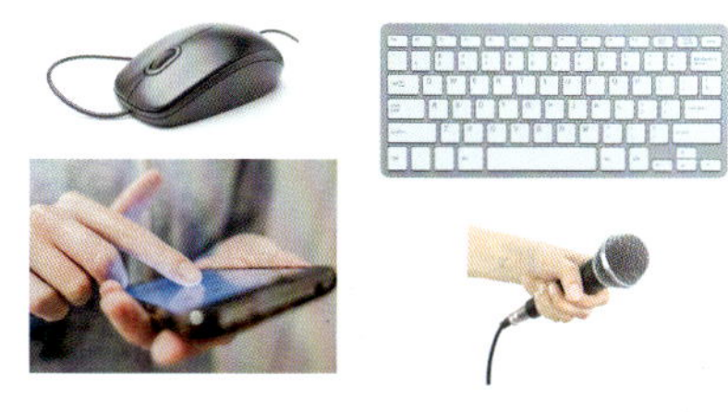

Hardware-Ausgabegeräte:

Tragbare (mobile) Geräte zeichnen sich dadurch aus, dass sie an verschiedenen Orten einsatzbereit sind und für einen bestimmten Zeitraum ohne Stromanschluss arbeiten. Zudem brauchen sie weniger Platz und sie haben ein geringes Gewicht. Laptop und Notebook haben nahezu die gleichen Leistungsmerkmale wie ein Standgerät. Die Ein-(Tastatur) und Ausgabeeinheiten (Display) sind jedoch meist kleiner und der Bildschirm ist in das Gerät integriert. Die noch kleinere Variante ist das Tablet, das über einfache Bewegungen mit den Fingern zu bedienen ist (Touchscreen).

Bauformen:

Smartphones vereinigen Mobiltelefone mit zahlreichen Computerfunktionalitäten. Sie werden ebenfalls per Touchscreen bedient.

Die eigentlichen Datenverarbeitungsvorgänge eines Computers finden in den Mikroprozessoren (CPU=**C**entral **P**rozessing **U**nit) statt. Die CPU ist damit die zentrale Verarbeitungseinheit, die sich auf der Hauptplatine (auch Motherboard oder Mainboard genannt) befindet. Über verschiedene Schnittstellen werden Verbindungen zu den angeschlossenen Ein- und Ausgabegeräten (Peripheriegeräten) wie z. B. einem Drucker oder USB-Stick hergestellt.

1 Elektronische Archivierung

1.1 Speichermedien

Speichermedien werden zur Speicherung von Daten verwendet. Speichermedien eignen sich für unterschiedliche Verwendungszwecke, wie z. B. den Datenaustausch, den Datentransport und die Archivierung.

1.1.1 Lokale und mobile Datenträger

Medium	Technologie/ Verwendung	Lebensdauer
Mechanisch interne Festplatte (HDD = Hard Disc Drive)	– Speicherung von Informationen auf magnetisierbarem Material – Stationärer Speicher für riesige Datenmengen – Schnelle Übertragungsgeschwindigkeit – Keine Mobilität	Ca. 5 – 10 Jahre
Mechanisch externe Festplatte	– Magnetischer Datenträger, in der Regel mit USB-Schnittstelle – Langzeitspeicher für riesige Datenmengen – Vollbackup – Anfällig für Erschütterungen, Magnetfelder, hohe Luftfeuchtigkeit	Ca. 10 Jahre
USB-Stick, Speicherkarten (Flash-Speichermedien)	– Elektrisch lösch- und beschreibbare Halbleiterspeicher – Datenspeicherung, Datentransport – Möglicher Verschleiß durch das Beschreiben – Einfache Bedienung	Ca. 30 Jahre
Gebrannte CD, DVD etc. (optische Speicher) (DVD, Blu-ray)	– Kunststoffscheiben, die auf optische Einwirkungen reagieren – Massenspeicher für Film, Musik, Multimedia – Datenarchivierung – Anfällig für Kratzer, Licht, Temperaturen	Ca. 30 – 100 Jahre

Backup:

Sicherungskopie zur Datensicherung. Daten werden kopiert, damit sie bei Datenverlust zurückkopiert werden können.

Mehr Geschwindigkeit und geringere Anfälligkeit bieten SSD-Speicherlaufwerke, sogenannte Flashspeicher. Sie werden heute z. B. in Notebooks eingebaut.

1. *Bestimmen Sie die Speicherkapazitäten und Preise der unterschiedlichen Datenträger per Internetrecherche.*
2. *Beschreiben Sie, wie Sie einem USB-Stick einen Namen geben.*
3. *Untersuchen Sie die Verwendung von Speichermedien in Ihrem Betrieb.*

1.1.2 Server

In größeren Betrieben werden Datenbestände häufig an verschiedenen Arbeitsplätzen zeitgleich gebraucht. Es besteht die Notwendigkeit einer Vernetzung.

Eine mögliche Netzwerkarchitektur ist das Client-Server-System, das sich aus einer Vielzahl von Arbeitsplatzcomputern (Clients) und einem oder mehreren Servern zusammensetzt. Ein Server (Hardware) ist ein leistungsstarker Netzwerkrechner, der seine Ressourcen den anderen Arbeitsplatzcomputern, den sogenannten Clients zur Verfügung stellt.

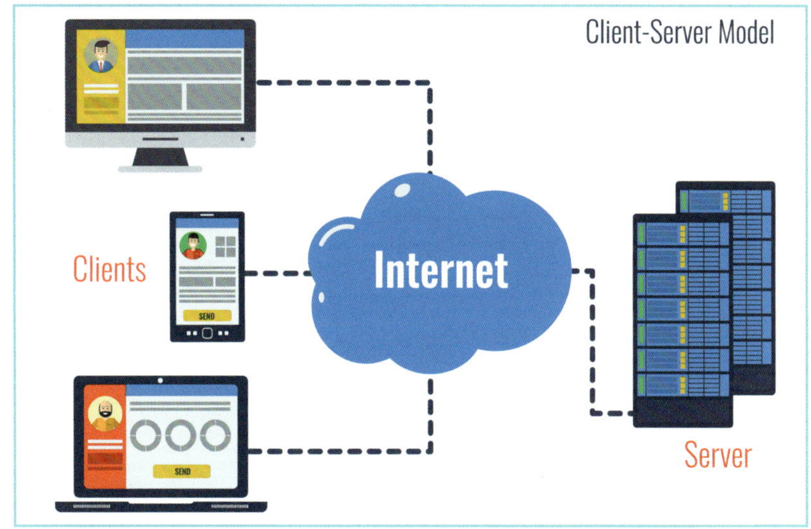

Client-Server-System

Eine Vernetzung bietet den Betrieben zahlreiche Vorteile:
- Zugriff auf räumlich unabhängige, zentral verfügbare Datenbestände
- Mitverwendung von Geräten, wie z. B. Drucker von vielen Anwendern
- Informationsaustausch zwischen den verschiedenen Geschäftsbereichen
- Zentrale Datenspeicherung

WLAN:

Wireless Local Area Network (deutsch drahtloses lokales Netzwerk) bezeichnet ein lokales Funknetz.

Es gibt verschiedene Servertypen, z. B. Webserver, File-Server, Datenbankserver, Mailserver, Gameserver. Für die Datenspeicherung ist der File-Server (Dateiserver) zuständig. Dieser stellt seine Daten allen zugriffsberechtigten Nutzern zur Verfügung.

Die Maßeinheit für die Netzgeschwindigkeit (Übertragungsrate) ist ein bit pro Sekunde. Ein kBit (Kilobit) sind 1000 bit und ein Mbit (Megabit) sind 1 000 000 000 Mbit. Die Einheit zur Benennung von Dateigrößen oder Speicherkapazitäten ist das kB (Kilobyte).

Server im Unternehmen

1. *Skizzieren Sie die Netzwerkarchitektur Ihres Betriebes bzw. Ihres Arbeitsbereiches.*
2. *Erstellen Sie einen Screenshot von dem Arbeitsplatz (Doppelklick auf das Icon Arbeitsplatz) eines Ihnen zur Verfügung stehenden Rechners und kennzeichnen Sie das Netzwerklaufwerk.*
3. *Ermitteln Sie Ihre Zugriffsberechtigungen.*

1.1.3 Cloud Storage

Cloud:

Diese englische Bezeichnung für eine Wolke steht für eine IT-Infrastruktur, die über das Internet verfügbar gemacht wird. Sie beinhaltet in der Regel Speicherplatz, Rechenleistung oder Anwendungssoftware als Dienstleistung.

Die bisher vorgestellten Speichermedien können bei Vorfällen wie Einbruch oder bei Unglücken wie Feuer oder Wasserschaden beschädigt werden bzw. verloren gehen. Zudem ist die Verfügbarkeit der Daten räumlich begrenzt.
Bereits Ende des letzten Jahrhunderts wurde ein System vorgestellt, das Daten webbasiert speichert. Die gespeicherten Daten sind stets online zugänglich, das heißt, sie sind von jedem Ort aus abrufbar. Man benötigt nur einen Internetzugang. Mittlerweile bieten immer mehr IT-Dienstleister gegen Gebühr Speicherplatz auf ihren Servern an.

	10 bis 49 Beschäftigte	50 bis 249 Beschäftigte	250 und mehr Beschäftigte	insgesamt Beschäftigte
E-Mail	49	46	43	48
Office-Anwendungen	33	36	43	34
Betrieb von Unternehmensdatenbanken	34	33	33	33
Speicherung von Dateien	60	64	62	61
Softwareanwendungen im Finanz- oder Rechnungswesen	29	29	20	28
CRM-Software	18	22	27	19
Rechenkapazität zur Ausführung unternehmenseigener Software	16	25	28	19

Nutzung von Cloud Computing nach Beschäftigtengrößenklassen

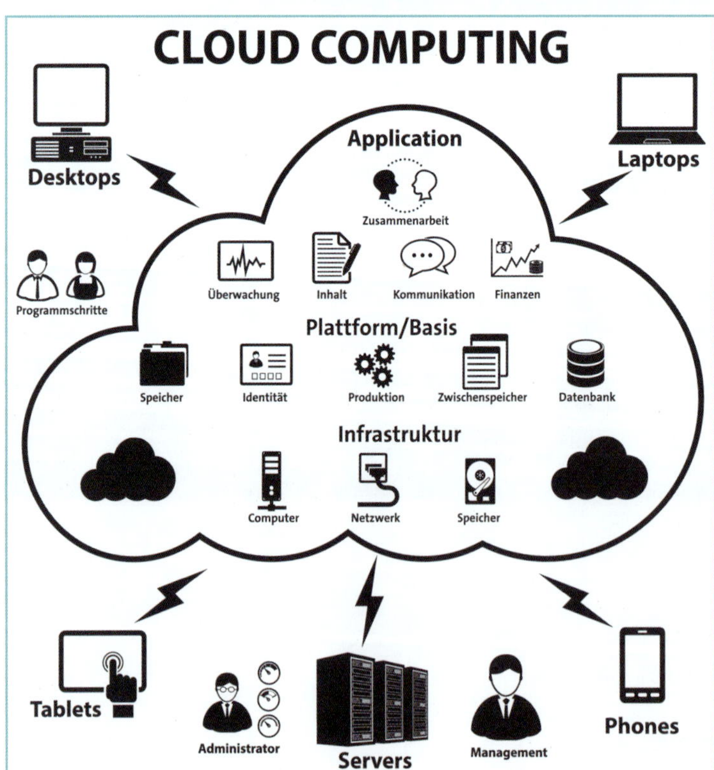

Eine weitergehende Dienstleistung stellt das Cloud Computing dar.

Neben der Möglichkeit, Daten in einer Cloud zu speichern, bieten die IT-Dienstleister über die Clouds u. a. Nutzungszugang zu Softwaresammlungen, Anwendungsprogrammen oder Hardware-Ressourcen an.

Die Unternehmen in Deutschland setzen auf die Speicherung in einer Cloud, um Betriebsdaten zu sichern. Sogenannte automatische Online-Backups sorgen für die notwendige ständige Datensicherung.

Dienstleister oder Apps arbeiten cloudbasiert, wenn die Dienste von mehreren Endgeräten wie Handy, Tablet und PC synchronisiert nutzbar sind.

1. *Fassen Sie wesentliche Informationen über Angebote privater Cloudspeicher in einer Tabelle zusammen.*
2. *Recherchieren Sie, was sich hinter dem Begriff „cloudbasiert" im Vergleich zu „webbasiert" verbirgt. Stellen Sie zu beiden Begriffen eine Definition auf.*

1.2 Datenstrukturen

Datenstrukturen dienen dazu, Daten oder auch Informationen im Speicher zu verwalten und zu organisieren. Der Nutzer soll schnell auf die Daten zugreifen und effizient mit ihnen arbeiten können. Dabei müssen die Funktionen „Hinzufügen“, „Suchen“ und „Löschen“ gewährleistet sein.

1.2.1 Ordner

Eine Ordnerstruktur ist meist hierarchisch angelegt. Für das Erstellen einer geeigneten Ordnerstruktur sollte zunächst eine Bestandsaufnahme z. B. in Form einer Mindmap erfolgen. Es sollte geschaut werden, wo welche Daten anfallen und dann eine sinnvolle Gruppierung vorgenommen werden. Die Ordnerstruktur sollte sich nicht über mehr als drei Ebenen erstrecken.

Es gibt im Betriebssystem Windows verschiedene Möglichkeiten, Ordner zu erstellen. Zunächst muss allerdings der Dateimanager geöffnet werden und der gewünschte Zielordner bzw. das gewünschte Ziellaufwerk per Mausklick ausgewählt werden. Danach können beliebig viele Ordner angelegt werden:

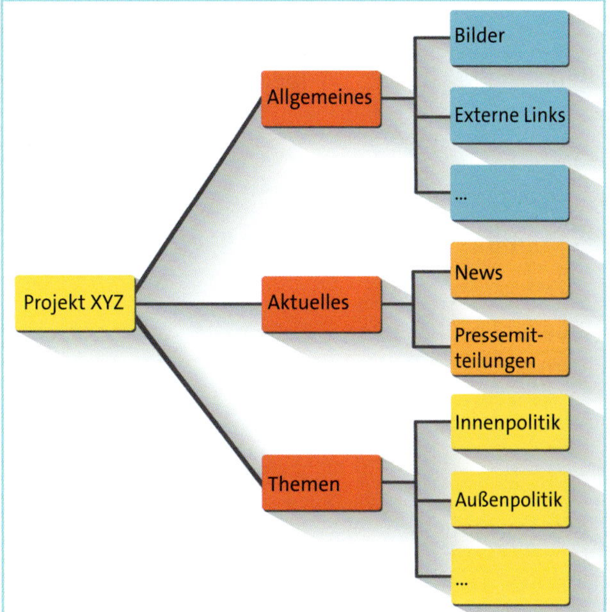

Doppelklick Arbeitsplatz/Explorer
Auswahl Ziel
Ordner anlegen:
- Klick im Menüband auf neuer Ordner
- Shortcut: Strg + Shift + N
- Rechte Maustaste, Neu, Ordner

Die Benennung der Ordner erfolgt entweder direkt beim Anlegen oder nachträglich über die rechte Maustaste. Die Namen sollten kurz und eindeutig gewählt werden. Ordner sollten nicht auf dem Desktop angelegt werden.

1.2.2 Dateien

Dateien werden gewöhnlich in Ordnern abgelegt. Sie sind anhand des Dateityps (siehe S. 8) und des Dateinamens zu identifizieren. Der Dateiname ist sehr wichtig, da er für eine eindeutige Unterscheidung, Übersichtlichkeit und leichte Auffindbarkeit sorgt. Die Benennung sollte also systematisch erfolgen, da häufig zudem ein Zugriff von mehreren Personen erfolgt.
Folgende Richtlinien sind zu befolgen:
- Beschränkungen der jeweiligen Software beachten (Leer- und Sonderzeichen, Umlaute ä, ö und ü meiden)
- Rückschlüsse über den Inhalt ermöglichen
- nicht zu lange Namen verwenden
- Versionierung vornehmen

Beim Öffnen einer Datei ist der Dateityp entscheidend. Er steht in Bezug zu der geeigneten Software. Mit der rechten Maustaste („Öffnen mit“) hat man meist mehrere Optionen der Softwareauswahl. Beim Öffnen der Dateien innerhalb einer Software kann der spezielle Dateityp ausgewählt werden (siehe S. 8).

Skizzieren Sie die Datenstruktur der Wochenspeisepläne einer Einrichtung (Kita oder Senioreneinrichtung).

1.3 Dateitypen

Dateitypen beschreiben die Darstellung und Anordnung von Daten innerhalb einer Datei. Sie sind anhand der Dateiendung (die Abkürzung hinter dem Punkt im Dateinamen) oder dem Icon der Datei zu erkennen. Die Betriebssysteme nutzen die Dateiendung, um die Zuweisung zu treffen, mit welchem Programm die Datei geöffnet werden soll.

Übersicht über die häufigsten Dateiendungen		
	Dateiendung	**Dateiart**
Textformate	.doc, .docx, .odt	Textdokumente, erstellt mit Word bzw. Writer (Open Office)
	.txt	Textdokument ohne Formatierung
	.pdf	Textdokument, meist übers Internet angeboten, lesbar mit Acrobat Reader
Bildformate	.jpeg (.jpg)	Foto, meist von Kameras
	.gif	Grafiken, meist aus dem Internet, nur 256 Farben
	.png	Fotos und Grafiken, Verlustfrei
Präsentationsformate	.ppt, z. B. .pptx, .ppsx, .odp	Präsentationsdateien, die in Powerpoint unterstützt werden
Tabellenkalkulationsformate	.xlsx, .xlsm, .ods	Tabellenkalkulationsdokumente, erstellt mit Excel ohne oder mit Makros bzw. Calc (Open Office)
Audioformate	.mp3	Musik, komprimiert
	.wav	Musik, beste Qualität
Videoformate	.mpg, .avi, .wmv, .mov, .flv	verschiedene Filmformate
Sonstige	.html	Internetseite
	.zip	Archiv, z. B. zum Versenden von vielen Dateien
	.exe	Startdatei Programme

.exe-Datei:

executable = ausführbare Datei

Eine Exe-Datei (.exe-Datei) ist eine Anwendung für Windows-basierte Systeme. Mit einem Doppelklick auf die entsprechende Exe-Datei wird diese gestartet.

File:

Englischer Begriff für Datei. Bestand meist inhaltlich zusammengehöriger Daten, der auf einem Datenträger oder Speichermedium gespeichert ist.

> Exe-Dateien können gefährlich für den Computer sein, daher sollten sie nur geöffnet werden, wenn sie aus vertrauenswürdigen Quellen stammen.

Zip-Dateiformate reduzieren den Speicherplatzbedarf der enthaltenen Dateien (gepackte Dateien), siehe S. 25.

1.4 Datensicherheit

Unter dem Begriff „Datensicherheit" versteht man generell den Schutz aller Daten. Dabei kann es sich um Daten mit Personenbezug (z. B. Adresse, Bankdaten, Gesundheitsdaten) oder um Daten, die keinen Personenbezug haben (z. B. Konstruktionspläne, Unternehmensdaten), handeln. Die Datensicherheit soll die Ziele Vertraulichkeit, Verfügbarkeit, Integrität und Authentizität der Daten gewährleisten. Datenverluste können durch verschiedene Ursachen entstehen:

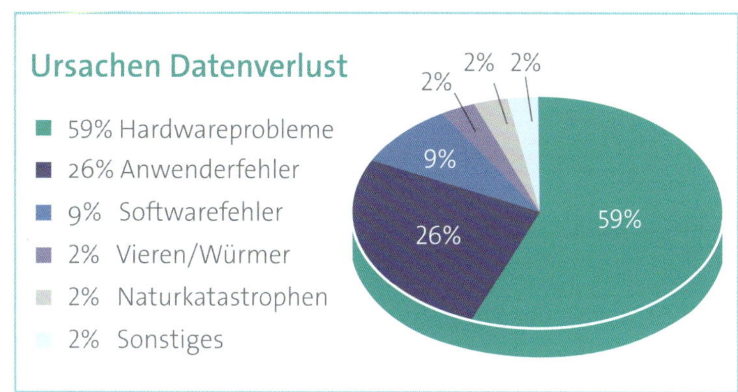

- höhere Gewalt (z. B. Feuer, Wasser, Sturm, Blitz, Explosion)
- absichtliche Schädigung (z. B. Sabotage, Diebstahl, Spionage)
- technische Störungen (z. B. Stromausfall, defekte Hard- bzw. Software)
- menschliches Versagen (z. B. Nachlässigkeit, Vergesslichkeit, Versehen)

1.4.1 Maßnahmen der Datensicherung

Maßnahmen der Datensicherung (Beispiele)		
Technische Maßnahmen	**Organisatorische Maßnahmen**	**Programmtechnische Maßnahmen**
Brandschutz, Rauchmelder Notstromaggregate Türsicherungen Alarmanlagen Schlüsselschalter	Zutrittskontrolle Sicherungskopien, Backups Protokollierung Weitergabekontrolle Datenschutzbeauftragter Datensicherungskonzept	Zugangskontrolle (z. B. Passwörter) Schutzvorkehrungen wie Virenschutzsoftware, Firewalls Verschlüsselung

Um den Zustand der Datensicherheit in Unternehmen zu erreichen, müssen Maßnahmen aufgestellt und implementiert werden. Diese Regeln werden nicht alle Gefahren bzw. Angriffe verhindern können, aber sie werden die Risiken minimieren.
Für größere Unternehmen empfiehlt es sich, ein Datensicherheitskonzept zu erstellen und auf diese Art und Weise den Prozess der Datensicherung zu vereinfachen und zu automatisieren. Die aus dem Bereich der Hygiene bekannten Checklisten können auch für die IT-Sicherheit erstellt werden. Es kann von Vorteil sein, einen Spezialisten zu beauftragen. Die Datenschutzgrundverordnung (DS-GVO) verpflichtet per Gesetz, private und öffentliche Datenverarbeiter (z. B. Unternehmen, Vereine, Institutionen) verantwortungsbewusst mit personenbezogenen Daten umzugehen und angemessene Sicherheit zu gewährleisten. Es wird daher empfohlen, Mitarbeiter zu sensibilisieren und zu schulen, Verantwortlichkeiten festzulegen und eine transparente Dateninfrastruktur zu schaffen (siehe auch S. 17).

> Hinweise für Unternehmen gibt das Bundesamt für Sicherheit in der Informationstechnik.
>
> Auch Privatpersonen können sich beim BSI informieren.
>
> www.bsi.bund.de

Beispiel einer Checkliste zur IT-Security:

- ☐ Sind die unternehmens- und personenbezogenen Daten bekannt?
- ☐ Sind diese Daten klassifiziert und vor Datendiebstahl geschützt?
- ☐ Werden alle mobilen Endgeräte in einem Unternehmen hinreichend geschützt?
- ☐ Sind alle Netzwerkverbindungen gesichert?

1. *Erstellen Sie ein Checkliste zur Überprüfung der Sicherheit der Passwörter in Ihrem Ausbildungsbetrieb.*
2. *Fassen Sie anhand der Website des BSI für Bürger wesentliche Sicherheitshinweise für Smartphones in Form einer Aufzählung zusammen.*
3. *Erweitern Sie die Checkliste zur Überprüfung der IT-Sicherheit in Ihrem Ausbildungsbetrieb.*

1.4.2 Elektronische Archivierung

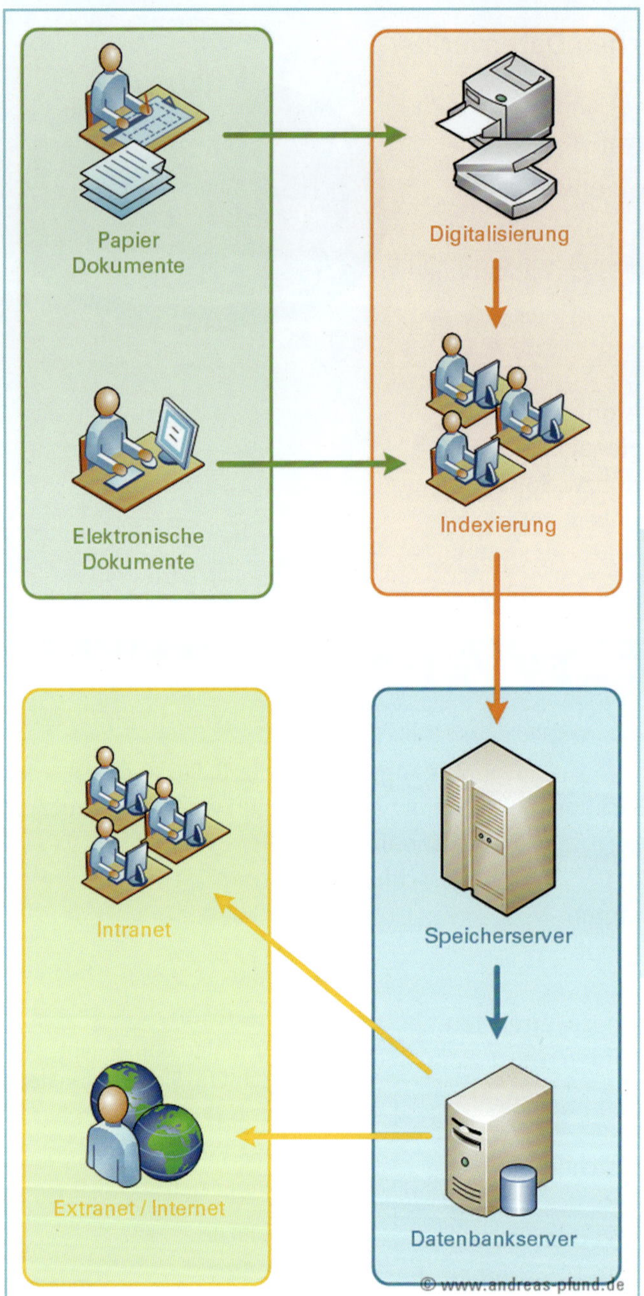

Die allgemeinen Grundsätze der Archivierung sind in einem Dokumentenmanagement (DMS) integriert. Mittels einer Datenbank werden die elektronischen bzw. digitalen (gescannten) geschäftsrelevanten Dokumente verwaltet.

Alle steuerlich relevanten Daten – ob elektronisch oder in Papierform – müssen mithilfe der GoBD abgelegt werden. Die Verwendung von Vorlagen aus Word, Excel usw. für Angebote, Rechnungen oder andere Buchführungsunterlagen ist steuerrechtlich nicht zugelassen, da sie leicht änderbar sind.

Unter elektronischer Archivierung versteht man die unveränderbare, dauerhafte Ablage und Aufbewahrung steuerlich relevanter Belege und Geschäftsunterlagen in elektronischer Form für das Finanzamt. Dabei sind die Richtlinien des Bundesfinanzministeriums (GoBD = Grundsätze zur ordnungsmäßigen Führung und Aufbewahrung von Büchern, Aufzeichnungen und Unterlagen in elektronischer Form sowie zum Datenzugriff) verbindlich.
Die GoBD gehören zu den wichtigsten Gründen für ein digitales Dokumentenmanagement (DMS). Mithilfe einer entsprechenden Archivsoftware oder Plattform ist die Umsetzung der Grundsätze möglich.

In hauswirtschaftlichen Einrichtungen und Betrieben, die Lebensmittel verarbeiten, muss das HACCP-Konzept (Risikoanalyse und Lenkung kritischer Gefahrenpunkte) umgesetzt werden. Die dabei anfallenden Dokumente, wie z. B. Anleitungen, Checklisten und Formblätter unterliegen ebenfalls der Aufbewahrungspflicht und müssen archiviert werden. Für produktbezogene Aufzeichnungen (Lieferscheine, Temperaturmessungen) gilt eine generelle Aufbewahrungsfrist von 5 Jahren.

Allgemeine Grundsätze der Archivierung

- Alle Dokumente werden gemäß der gesetzlichen bzw. betrieblichen Anforderungen archiviert.
- Kein Dokument darf verloren gehen.
- Die Dokumente werden unveränderbar archiviert. Alle ändernden Aktivitäten im Archiv werden protokolliert.
- Jedes Dokument muss zeitnah und eindeutig wiedergefunden werden können.
- Eine Einsicht ist nur von berechtigten Benutzern möglich.
- Die Vernichtung erfolgt nach der Aufbewahrungsfrist.

1. *Erörtern Sie Vor- und Nachteile der elektronischen Archivierung, indem Sie dieser die Archivierung in Papierform gegenüberstellen.*
2. *Beschreiben Sie die Archivierung der bei der Umsetzung des HACCP-Konzeptes relevanten Unterlagen in Ihrem Betrieb bzw. anhand eines Beispielbetriebes.*

1.5 Datenverschlüsselung

Verschlüsselung, auch als Chiffrierung oder Kryptierung bezeichnet, ist eine von einem Schlüssel abhängige Umwandlung von „Klartext" in einen „Geheimtext". Die in dem Geheimtext enthaltenen Daten können nur unter Verwendung eines Schlüssels gelesen werden.

Eine Verschlüsselung schützt Daten vor unberechtigtem Zugriff bzw. ermöglicht eine vertrauliche Übermittlung von Daten, z.B. für personenbezogene Daten (siehe S. 31).

Eine Verschlüsselung der Daten ist in einem Unternehmen immer anzustreben.

Verschlüsselung

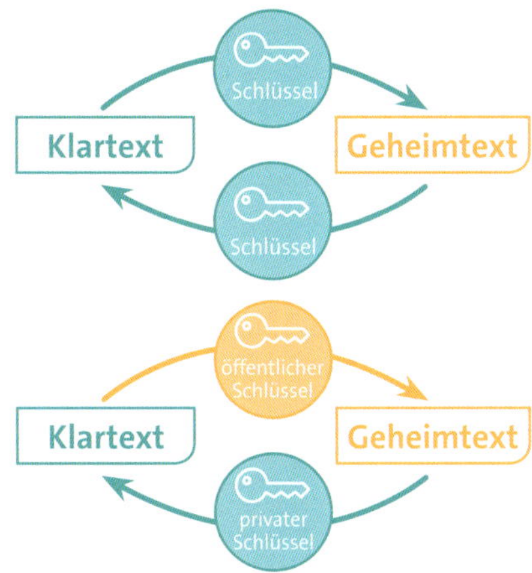

Verschlüsselungsverfahren

Bei modernen Verschlüsselungsverfahren unterscheidet man symmetrische und asymmetrische Verfahren. Bei symmetrischen Verfahren wird ein und derselbe Schlüssel zum Ver- und Entschlüsseln verwendet. Bei der asymmetrischen Verschlüsselung gibt es zwei unterschiedliche Schlüssel. In der Praxis werden oft kombinierte Verfahren eingesetzt, sogenannte Hybrid-Verfahren.

Dateien und Ordner verschlüsseln

Zahlreiche, z.T. kostenlose Programme ermöglichen die Verschlüsselung einzelner Dateien und Ordner. Zunächst muss die entsprechende Software auf dem Rechner installiert werden (Download). Der Download sollte nur über bekannte, sichere Websites vorgenommen werden. Anhand des Datei-Explorers (rechte Maustaste) kann dann die Verschlüsselung mit Passwort vorgenommen werden.

Kommunikation verschlüsseln

Die Kommunikation im Internet findet generell unverschlüsselt statt. So ist eine E-Mail mit einer Postkarte zu vergleichen, d.h. der Inhalt ist potenziell für Jeden lesbar. Ähnlich verhält es sich mit Chats und VoIP-Telefongesprächen. Diese Anwendungen können ebenfalls durch entsprechende Techniken (Transportverschlüsselung, Ende-zu-Ende-Verschlüsselung) verschlüsselt werden (siehe S. 27).
Unternehmen sind laut Datenschutzgrundverordnung (DS-GVO) aufgefordert, E-Mails mit personenbezogenen Daten zu verschlüsseln.

Aktuelle Software ist z.B. über die Seiten bekannter Computerzeitschriften, wie z.B. Chip oder Computerbild oder über die Seite des BSI herunterzuladen.

Beispiele für sichere Websites:
www.heise.de, www.chip.de,
www.computerbild.de,
www.pcmagazin.de

In den Adresszeilen der verschiedenen Browser wird der Sicherheitsstandard angegeben. Bei http:// kann dies ⚠ Nicht sicher, ⓘ Not secure oder ein Icon mit durchgestrichenem Schloss sein. Mit https:// ist man „auf der sicheren Seite" 🔒 (s. a. S. 27) und Teil einer gesicherten Verbindung.

Mit dem Besuch einer Website mit https ist ein Nutzer Teil einer gesicherten Verbindung.

2 Software

Unter dem Begriff Software versteht man im Unterschied zur Hardware alle nicht technisch-physikalischen (nicht anfassbaren) Bestandteile eines Computers. Darunter fallen alle ausführbaren Programme und die dazugehörenden Daten. Die Geräte sind damit in der Lage, Aufgaben auszuführen.

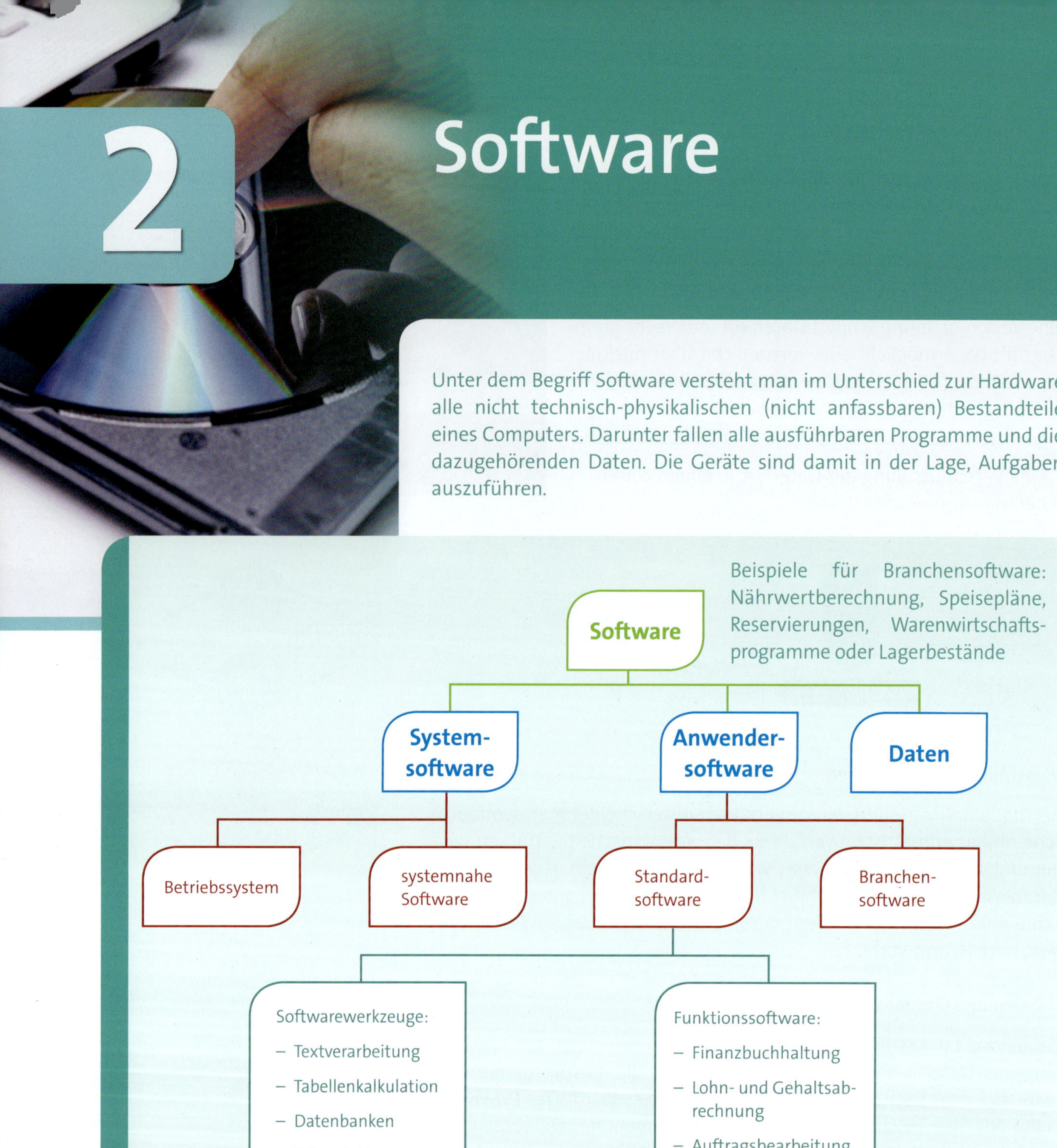

2.1 Betriebssysteme

Software:

Sammelbegriff für Programme und die zugehörigen Daten

Ein Betriebssystem (auch OS von engl.: operating system) ist eine Zusammenstellung von Computerprogrammen, die die Systemressourcen eines Computers wie Arbeitsspeicher, Festplatte und die angeschlossenen Ein- und Ausgabegeräte (Peripheriegeräte) zur Verfügung stellt. Es ist die Schnittstelle zwischen den Hardwarekomponenten und der Anwendungssoftware des Nutzers und könnte auch als Manager des Computers bezeichnet werden.

Es ist die elementare Software, die den Betrieb eines Computers steuert und Anwenderprogramme nutzbar macht. Ohne diese Software funktioniert ein Computer nicht.

Betriebssysteme erfüllen u. a. folgende Aufgaben:
- Speicherverwaltung
- Geräte- und Dateiverwaltung
- Rechteverwaltung
- Prozessverwaltung

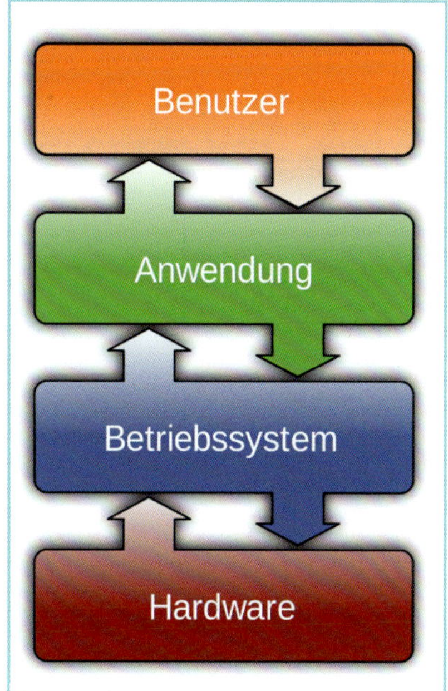

Das bekannteste Betriebssystem ist Windows. Linux ist ein Open Source-Betriebssystem, das über das Internet frei zugänglich ist.

Als Open Source wird Software bezeichnet, deren Quelltext öffentlich und von Dritten eingesehen, geändert und genutzt werden kann. Open Source-Software kann meistens kostenlos genutzt werden.

1. *Stellen Sie die Geschichte der Betriebssysteme anhand eines Zeitstrahls dar.*
2. *Beschreiben Sie zwei Betriebssysteme, die bei Smartphones verwendet werden.*

2.2 Anwendersoftware

Als Anwendersoftware werden die Computerprogramme bezeichnet, die die konkrete Arbeit für den Benutzer übernehmen. Sie wird auf den jeweiligen Betriebssystemen ausgeführt und kann die unterschiedlichsten Aufgaben haben. Sie wird von einem Datenträger installiert oder aus dem Internet heruntergeladen. Die Installation erfolgt meist mit dem sogenannten Setup, welches die Programme auf dem Computer einrichtet. Anwendungssoftware kann sowohl lokal auf einem Desktop-Computer bzw. auf einem Mobilgerät installiert sein oder auf einem Server laufen. Jede Software speichert Daten in bestimmten Dateiformaten ab, die sich in den Dateiendungen zeigt (siehe S.8).
Die Anwendersoftware unterteilt sich in zwei Bereiche: Standardsoftware und Branchensoftware. Auch für das Internet gibt es verschiedene Programme, wie z. B. Browser und E-Mail-Programme.

Add-On/Plug-in:

Die Begriffe Add-On und Plug-in bezeichnen Programme, die alleine nicht lauffähig sind, sondern andere Programme erweitern.

Übersetzt heißt es „anschließen" oder „einstöpseln".

2.2.1 Standardsoftware

Die funktionsübergreifende Standardsoftware (Werkzeuge = engl.: Tools) kann in verschiedenen Bereichen eines Unternehmens eingesetzt werden, da sie grundlegende Aufgaben übernimmt. Sie wird in großen Auflagen verkauft und ist daher kostengünstiger als Branchensoftware. Software unterliegt dem Urheberrechtsgesetz und zur Nutzung muss eine entsprechende Lizenz erworben werden.
Sie wird in verschiedene Aufgabenbereiche eingeteilt, z. B.:

- Textverarbeitungsprogramme
- Tabellenkalkulationsprogramme
- Datenbankverwaltungsprogramme
- Präsentationsprogramme
- Grafikprogramme

Shareware:

Shareware ist die Gratis-Demoversion eines Programms, die zeitlich begrenzt oder in minimierten Funktionsumfang zu nutzen ist. Freeware dagegen ist völlig gratis erhältliche Software.

Die funktionsübergreifende Standardsoftware wird meist als integriertes Paket mit allen oder einigen der aufgezählten Aufgabengebiete angeboten. Gebräuchlich ist der Begriff des Office-Paketes, womit eine Softwarezusammenstellung für Arbeiten im Büro gemeint ist. Am weitesten verbreitet ist das Paket von Microsoft (Microsoft Office), gefolgt vom freien Open Office (Apache OpenOffice). Die Dateiformate des Unternehmens Microsoft haben sich zum Standard entwickelt und sollten daher von entsprechender Software umfassend im- und exportiert werden können.

EPR = Enterprice Resource Planning kann:
- Abläufe im Unternehmen steuern
- Unternehmensentscheidungen anhand der eingegebenen Daten berechnen
- Vorgänge im Unternehmen transparent machen

und macht damit Vieles planbar:
- Arbeitszeit
- Aufträge
- Kosten

Die funktionsbezogene Standardsoftware ist auf einen bestimmten Einsatzbereich wie z.B. die Buchhaltung zugeschnitten. Da die Daten der verschiedenen Unternehmensbereiche für eine effiziente Unternehmensführung in einer zentralen Datenbank gespeichert werden sollten, werden häufig sogenannte EPR-Systeme (EPR = Enterprise Resource Planning) eingesetzt. Damit wird eine Softwarelösung für Unternehmen bezeichnet, die der Ressourcenplanung und Organisation der Geschäftsprozesse dient. Moderne EPR-Systeme enthalten u.a. die Funktionen Beschaffung, Produktion, Materialwirtschaft, Vertrieb, Personalwesen, Finanz- und Rechnungswesen, Controlling. Diese Funktionen sind über eine Datenbasis miteinander verbunden.

		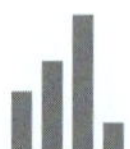	
Warenwirtschaft & Logistik	**Produktion**	**Finanzen**	**Personalwesen**
– Einkauf – Materialwirtschaft – Lagerverwaltung – Vertrieb – Grundfunktionalitäten CRM	– Produktionsplanung und -steuerung – Kapazitätswirtschaft – Werkstattsteuerung – Betriebsdatenerfassung	– Rechnungswesen – Finanzbuchhaltung – Bilanz und GuV (Gewinn und Verlust) – Offene Posten – Controlling	– Verwaltung der Mitarbeiter (Human Resources) – Lohn- und Gehaltsabrechnung – Rekrutierung neuer Mitarbeiter – Karriereplanung

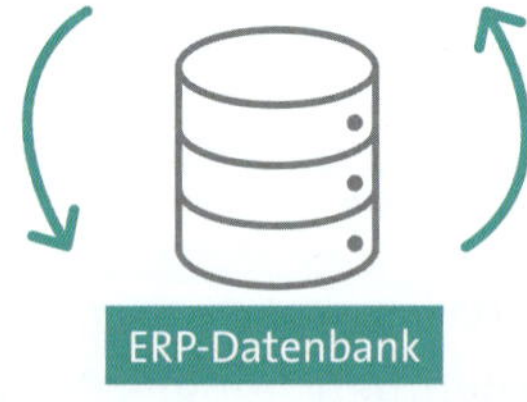
ERP-Datenbank

SaaS-Lösungen= Software as a Service

ERP-Lösungen können als klassische Software-Nutzung erworben werden (On-Premises-Lösungen), bei denen die Software lokal auf der Hardware installiert und auf eigenen Servern betrieben wird. Die zweite Variante ist die SaaS-Lösung, die webbasiert arbeitet und über einen Dienstleiter betrieben wird.

1. *Vergleichen Sie kostenlose Bildbearbeitungsprogramme anhand geeigneter Kriterien.*
2. *Informieren Sie sich in Erklärvideos über EPR und SaaS.*

2.2.2 Branchensoftware

Bei Branchensoftware handelt es sich um Programme, die in speziellen Branchen wie Banken, Versicherungen, Handwerk, Gastronomie oder Versandhandel eingesetzt werden. Branchenlösungen sind meist umfangreicher als ERP-Systeme (siehe S. 14).

Die richtige Lösung für die betrieblichen Anforderungen zu finden, ist eine große Herausforderung. Häufig werden **Demoversionen** der Programme angeboten, die ein kostenloses Ausprobieren ermöglichen.

In Einrichtungen, die hauswirtschaftliche Versorgungsleistungen umfassen, kommt ebenfalls branchenspezifische Software für z. B. folgende Bereiche zum Einsatz:
- Warenwirtschaft
- Reservierungsmanager
- Gemeinschaftsverpflegung
- Essen auf Rädern
- Nährwertberechnungen und Allergenmanagement

Für die Gemeinschaftsverpflegung sind Lösungen zu erwerben (z. B. Gastro Smart, siehe Abbildung), die verschiedene Funktionsbereiche umfassen. Die Speiseplanung erfolgt durch Auswahl der Menüs aus umfangreichen Rezeptdatenbanken. Rezepte und Menüs sind anpass- und veränderbar und können ergänzt werden. Der Speiseplanausdruck kann mit verschiedenen Druckoptionen (u. a. Menü-Bilder, Nährwerte und Kennzeichnungen) automatisch generiert werden. Warenbedarf und Wareneinsatz werden auf der Basis des erstellten Speiseplans und geplanter Portionsmengen errechnet und lieferantenspezifische Bestelllisten werden generiert. Die Nährwertberechnungen der Big7 (die 7 wichtigsten kennzeichnungspflichtigen Nährstoffe) und Allergenangaben können automatisch zugefügt werden. Module zur Kalkulation bzw. zur Buchführung und Produktionsplanung ermöglichen betriebswirtschaftliche Berechnungen und Unterstützung logistischer Arbeitsabläufe.

Für detaillierte Nährwertanalysen ist u. a. ein Programm der DGE (Deutsche Gesellschaft für Ernährung) auf dem Markt – DGExpert. Bei dieser Software steht die Ernährungsberatung im Vordergrund und die zur Verfügung stehenden Speisepläne sind nährstoffoptimiert. Pläne können anhand der Referenzwerte überprüft und klientenbezogen analysiert werden.

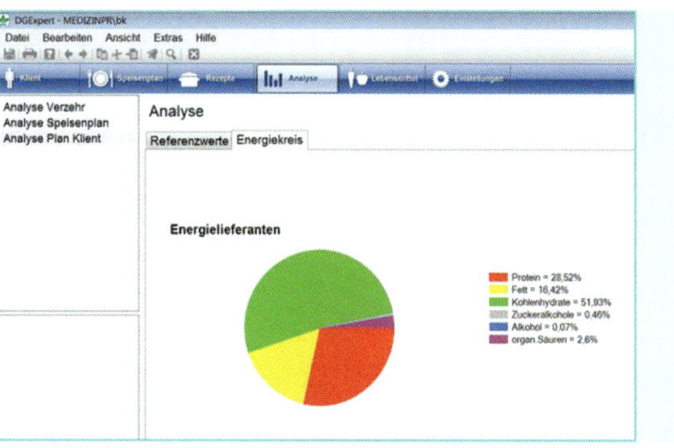

Informieren Sie sich gegenseitig in der Klasse, inwieweit Branchensoftware in den Betrieben Ihrer Mitauszubildenden/ Ihrer Region eingesetzt wird. Bilden Sie entsprechend der Softwarevarianten Kleingruppen und führen die Möglichkeiten und Grenzen auf. Vergleichen Sie!

2.3 Apps

Es gibt verschiedene Arten von Apps:

Web-Apps sind Webseiten für alle Systeme, die aussehen und funktionieren wie Apps (mit weniger Funktionen).

Native Apps werden aus den App-Stores heruntergeladen und auf dem Gerät installiert (nicht für alle Systeme, jedoch mit mehr Funktionen).

Digitales, ortsunabhängiges Arbeiten prägt das Berufsleben zunehmend und hat durch die Coronazeit eine noch wichtigere Bedeutung erlangt. Die Nutzung mobiler Endgeräte wie z.B. Tablet-PC und Smartphone wächst stetig. Der Abteilungsleiter/die Abteilungsleiterin will von seinem/ihrem Smartphone auf aktuelle Geschäftsdaten zugreifen, das Lagerpersonal bucht über Tablets Waren ein und aus und das Servicepersonal erfasst Aufträge vor Ort über ein Tablet. Die möglichen Szenarien für die Nutzung mobiler Endgeräte sind vielfältig. Anwendungssoftware, die auf mobilen Endgeräten installiert ist, wird gewöhnlich als App bezeichnet (eigentlich mobile App).

App:

App ist die Abkürzung von Applikation (engl.: application) und heißt Anwendung bzw. Programm.

Häufig handelt es sich um Programme mit begrenztem Funktionsumfang, wie z.B. Wecker-Apps, Spiele-Apps und Navigations-Apps. Andere Apps unterstützen technische Funktionen des Endgeräts, wie z.B. Mikrofonaufnahmen und die Fotokamera. Anwendungen wie Wetter-Apps dienen reinen Informationszwecken. Sehr häufig genutzt sind Kommunikations-Apps wie z.B. WhatsApp, Signal und Snapchat. Im Trend sind auch Apps zur Haushaltsunterstützung, die zur Bedienung vernetzter Haushaltsgeräte oder anderer technischer Ausstattungsgegenstände genutzt werden. Die Kosten können sehr unterschiedlich sein. Gestartet werden sie über ein grafisches Symbol auf dem Tablet oder Smartphone.

Beispiele für Informations-Apps für die Hauswirtschaft: Saisonkalender vom BZfE, Was esse ich (Ernährungspyramide) vom BfLE, Beste Reste vom BMEL, Einkaufen, Label-online, Codecheck

Unter „Einstellungen" – „Datenschutz" und den jeweiligen Programmen (Kontakte, Fotos etc.) kann bei iOS überprüft werden, ob eine App versucht, auf die entsprechenden Inhalte zu greifen. Will man im Google Play-Store eine App herunterladen, muss man die „App-Berechtigungen" akzeptieren.

Bei einer Entscheidung für die Nutzung mobiler Apps in Unternehmen gilt es, einige Fragen der technischen Umsetzung zu klären. Wichtig ist, dass die mobilen Apps verschiedene Geräte, Displaygrößen und Betriebssysteme (z.B. iOS, Android, Windows Phone) unterstützen und auch alle Aspekte der Datensicherheit erfüllen. Zudem sollte sich die mobile Anwendung in die bestehende IT-Infrastruktur des Unternehmens integrieren lassen.

Hinweise zum Datenschutz

- Zum Download nur die offiziellen Stores wie zum Beispiel den App Store von Apple oder den Google Play Store nutzen.
- Kommentare bzw. Bewertungen anderer Nutzer kritisch lesen.
- Die Berechtigungen zum Zugriff der Apps auf die Daten des Smartphones in den Einstellungen beschränken, sofern möglich. Nur den Zugriff auf Informationen erlauben, die für die Nutzung des Dienstes erforderlich sind.
- AGB's und Zugriffrechte lesen.
- Standortzugriff ausschalten, wenn er nicht benötigt wird.
- Softwareaktualisierungen installieren.

1. *Zahlreiche Apps bieten große Rezeptsammlungen an. Diskutieren Sie die Eignung dieser Apps im hauswirtschaftlichen Berufsalltag, indem Sie Vor- und Nachteile nennen und ein Fazit ziehen.*
2. *Ermitteln Sie, wie sich kostenlose Apps finanzieren.*
3. *Recherchieren Sie sinnvolle Apps zum Thema „Gesunde Ernährung in Unternehmen".*

2.4 Update- und Patchmanagement

Jegliche Software – vom Betriebssystem bis zum Mediaplayer – ist nur sicher vor Computerschädlingen (z. B. Viren), wenn sie auf aktuellem Stand ist. Da Computerschädlinge sehr gefährlich und weit verbreitet sind, bieten die Hersteller Aktualisierungen für die von ihnen vertriebene Software an.
Diese Aktualisierungen können unterschiedliche Zwecke verfolgen:

- Behebung von Programmierfehlern
- Schließen von Sicherheitslücken
- Änderung vorhandener Funktionen
- Implementierung neuer Funktionen

Vorsicht vor Phishing Mails

Je nach Umfang der Aktualisierung werden verschiedene Begriffe verwendet. Mit **Patches** (engl.: für „Flicken" bzw. „Pflaster") sind kleinere Softwarepakete gemeint, mit denen die Hersteller Fehler in Programmen schließen oder Funktionen nachrüsten.

Ein **Update** ist eine Aktualisierung eines Programms durch meist eine größere Menge Einzel-Patches, bei der ebenfalls Fehler vorheriger Versionen behoben werden. Ein Update wird gewöhnlich durch eine Änderung der Hauptversionsnummer gekennzeichnet.

Die Softwareaktualisierungen haben im Rahmen der IT-Sicherheit eine große Bedeutung. Auch wenn heutzutage die meisten Aktualisierungen durch automatische Updates erfolgen, sollte ein Konzept für ein sicheres Patchmanagement in Betrieben implementiert sein. In größeren Betrieben gibt es meist einen IT-Verantwortlichen, der sich um Updates und IT-Sicherheit kümmert (siehe auch S.9). Die Nutzer an den firmeneigenen Geräten dürfen dann meist keine Software installieren oder updaten.

Entsprechende Empfehlungen sind z. B. beim BSI (Bundesamt für Sicherheit in der Informationstechnik, siehe S. 9) einzusehen, u. a.:

- Verschaffen Sie sich einen Überblick über die wichtigsten von Ihnen eingesetzten Programme und überprüfen Sie, ob Sie für diese Programme automatische Updates erhalten.
- Beachten Sie Hinweise auf Updates.
- Laden Sie Patches und Updates rasch herunter und installieren Sie sie.
- Achten Sie auf Mitteilungen, die das Auslaufen eines Supports für Produkte ankündigen.

Phishing Mails:

Phishing Mails sind Versuche eines Identitätsdiebstahls, um beispielsweise eine Kontoplünderung zu begehen. Merkmale von Phishing Mails, siehe S. 25

Patch:

eine Korrekturauslieferung für Software zur Fehlerbehebung

Update:

Aktualisierung, auf den neuesten Stand bringen

Support:

Bei einem Support in der EDV handelt es sich um Hilfe und Unterstützung bei Hard- und Softwareproblemen.

1. *Recherchieren Sie was hinter den Begriffen „Hacks" und „Cracks" steckt und beschreiben Sie mit eigenen Worten.*
2. *Stellen Sie eine Empfehlung für notwendige Schutzprogramme eines Computers auf.*
3. *Führen Sie Beispiele auf, in welchen Fällen ein Gespräch mit dem IT-Verantwortlichen empfohlen wird.*

3 Rechtssicherheit bei Bildern

Die Website, der Blog, der Flyer, alle kommen ohne eine optische Unterstützung nicht aus. Bilder in Form von Fotos, Zeichnungen, Grafiken oder „Bewegt Bildern" (Videos) werden daher in vielfältiger Form verwendet. Grundsätzlich gibt es drei Beschaffungsmöglichkeiten für Bilder. Sie können selber erstellt werden, es können frei zugängliche Bilder verwendet werden oder Bilder können gegen eine Gebühr erworben werden. Bei allen Optionen sind vor einer Veröffentlichung rechtliche Bedingungen zu berücksichtigen.

3.1 Das Recht am eigenen Bild

Fotos und Videos sind heute schnell mit dem eigenen Smartphone aufgenommen und mit ein paar Klicks möglicherweise weltweit abrufbar. Die Verbreitung bzw. Veröffentlichung auch von eigenen Bildaufnahmen ist nur bei Einhaltung rechtlicher Vorschriften zulässig. Eine Verbreitung von Fotos z. B. liegt vor, wenn sie auf einem Träger wie Zeitschriften, Werbeplakaten, Flyern, Büchern usw. wiedergegeben werden. Eine Veröffentlichung liegt vor, wenn Dritte die Bilder wahrnehmen können z. B. auf Websites. Aber auch das Teilen bei Facebook oder WhatsApp können als Veröffentlichung gelten.

§ 22 KunstUrhG

Bildnisse dürfen **nur mit Einwilligung des Abgebildeten verbreitet oder öffentlich zur Schau gestellt werden.**

Die Einwilligung gilt im Zweifel als erteilt, wenn der Abgebildete dafür, dass er sich abbilden ließ, eine Entlohnung erhielt. [...].

Sind Personen auf den Bildern zu sehen, ist eine Veröffentlichung laut Gesetz grundsätzlich nur mit Einwilligung der/des Abgebildeten zulässig. Entscheidend ist hierbei, ob die Person erkennbar, d. h. anhand von Merkmalen (z. B. Gesicht, typische Kleidung, Tattoos, Frisur) eindeutig identifizierbar ist. Eine Einwilligung kann schriftlich erfolgen oder sich durch Verhalten ergeben (Teilnahme an einem Gruppenfoto auf einer öffentlichen Veranstaltung). Folgende Fragen sollten bei der Einwilligung geklärt werden:

- Wer erhält Zugriff auf das Foto?
- Wofür wird das Foto aufgenommen?
- Warum, wo und wie lange wird das Foto gespeichert?

- Bei unter 13-Jährigen muss die Einwilligung der Eltern vorliegen.
- Bei 13- bis 16-Jährigen benötigt der Minderjährige eine zusätzliche Einwilligung der Eltern.
- Bei über 16-Jährigen reicht es, wenn der Minderjährige ohne zusätzliche Einwilligung der Eltern zustimmt.

Sollen Fotos oder Filme von Minderjährigen erstellt werden, müssen die Erziehungsberechtigten um Erlaubnis gefragt werden. Allerdings muss hier beachtet werden, dass bereits das Fotografieren von Kindern ohne Einwilligung verboten ist. Bei Fotos von Erwachsenen ist „nur" das Veröffentlichen der Fotos rechtswidrig.

Unmündige Personen werden bei den Bildrechten durch ihren Vormund vertreten (z. B. durch Senioren mit gesetzlichem Betreuer).

Allerdings gibt es einige Ausnahmen bei der Einwilligungspflicht:
- Bildnisse der Zeitgeschichte
- Prominente in der Öffentlichkeit
- Menschen in einer Menschenmenge (mehr als 7 Personen)
- Menschen als Beiwerk bei Aufnahmen einer Landschaft oder eines Bauwerks
- Menschen, die für die Bilder Geld bekommen
- Rechtspflege und öffentliche Sicherheit

Aufgrund der Panoramafreiheit (Straßenbildfreiheit) dürfen Gebäude, Brunnen, Denkmäler usw., die für jedermann frei zugänglich sind und nicht in privater Nutzung sind, erlaubnisfrei fotografiert werden. Nicht möglich ist dies bei Innenräumen.

Beispiele für den Betrieb „Am Eichenhain":

Erlaubt
(bei Zustimmung der Leitung)

Betriebsgelände gesamt

Gebäude von außen

Innenräume (ohne Personen)

Speisenangebot

Nicht erlaubt
bzw. nur mit Einwilligung erlaubt

Bewohner

Besuchsgruppe

Kindergruppe

privates Bewohnerzimmer

Für die Website Ihres Ausbildungsbetriebes sollen Fotos zur Vorstellung der Verpflegung des Betriebes gemacht werden. Da Sie Hobbyfotografin sind, werden Sie gebeten, diese zu machen.
Nennen Sie fünf Beispiele für rechtssichere Fotos.

3.2 Bildrechte

Es gibt die Möglichkeit, fremde Bilder, z. B. aus dem Internet zu veröffentlichen. Dabei müssen bestimmte Regeln eingehalten werden. Alternativ können Werbeagenturen, Grafiker oder Fotografen beauftragt werden, Fotos und Bilder zu erstellen.

3.2.1 Urheberrecht

Wenn Sie fremdes Bildmaterial im Internet oder z. B. in einer Broschüre veröffentlichen wollen, müssen Sie grundsätzlich den Urheber kontaktieren (bei Fotos wäre das der Fotograf oder die Bildagentur, die den Fotografen vertritt) bzw. eine Lizenz dafür erwerben. Der Bildgeber muss zustimmen, wenn sein Werk veröffentlicht werden soll und er hat Anspruch auf eine angemessene Vergütung. Er alleine entscheidet damit über Nutzung, Veröffentlichung und Vervielfältigung. Das Urheberrecht gilt automatisch und muss nicht angemeldet werden. Es gilt bis zu 70 Jahre nach dem Tod des Urhebers.

Widerrechtliche Nutzung ist verboten und kann rechtlich belangt werden, meist in Form von Schadensersatzforderungen.

Auch für Bilder, die über Suchmaschinen (Bing Bildersuche, Google Bildersuche) zu finden sind, gilt das Urheberrecht. Bei der erweiterten Bildersuche gibt es allerdings die Möglichkeit, nach Nutzungsrechten zu filtern.

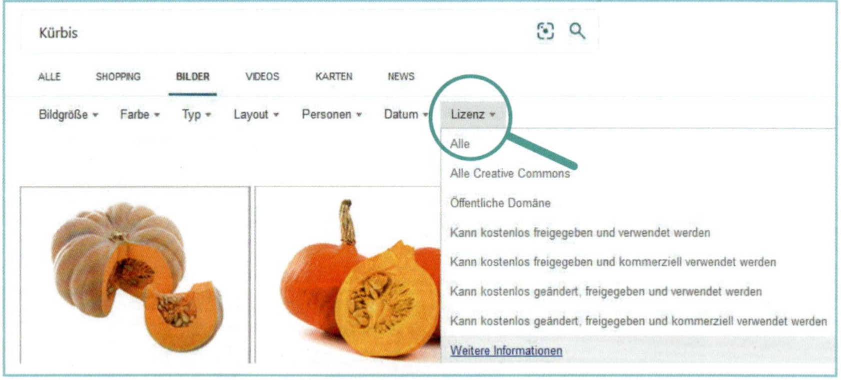

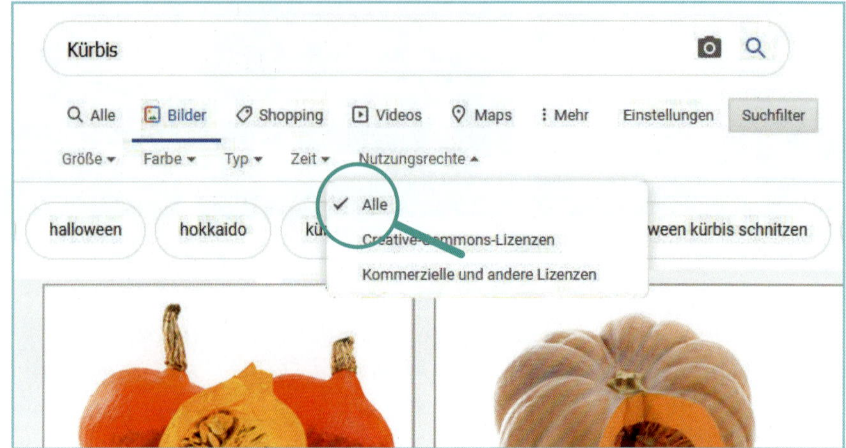

Bei Google sieht man in der Detailansicht der Bilder zudem weitere Informationen zur Lizenzierung. Ähnlich wie: Vorsicht: nicht diese Bilder!

Nach deutschem Urheberrecht hat der Urheber immer Anspruch auf Namensnennung. Die Urheberbezeichnung bei Bildern aus dem Internet beispielsweise sollte den Urhebernamen, den Link zur ursprünglichen Quelle und den Link zur Unterseite, auf der das Bild verwendet wird, enthalten. Der Bildnachweis sollte direkt am Bild erfolgen (oft wird der Copyright-Vermerk auch rechts am Bild platziert z. B. in Magazinen). Gegebenenfalls kann der Nachweis im Impressum, im Bildquellenverzeichnis (Bücher) oder am Ende der Seite bzw. des Artikels erfolgen. Dies alles ist geregelt in § 13 Satz 1 Urheberrechtsgesetz.

Den Urheber bzw. die Ansprechpartner für eine Rechteanfrage findet man im Impressum bzw. unter „Kontakte". Da Einzelverhandlungen über Bildrechte sehr aufwändig sein können, bieten entsprechende Stockfoto-Plattformen wie shutterstock oder Adobe stock vereinfachte Möglichkeiten des Rechteerwerbs (siehe S. 22).

Für die Ausarbeitung in Ihrem Ausbildungsnachweis (Berichtsheft) benötigen Sie ein Bild von einem Büfett. Wenden Sie die Bildersuche (Fotos zur Wiederverwendung gekennzeichnet) über eine Suchmaschine an und erstellen Sie eine passende Urheberbezeichnung.

3.2.2 Nutzungs- und Lizenzrechte

Zur Nutzung eines fremden Bildes auf z. B. der Website oder einem Flyer benötigt man das Nutzungsrecht des jeweiligen Bildes. Dieses Nutzungsrecht vergibt der Urheber des Bildes oder dessen Rechteverwerter (z. B. Bildagenturen).
Der Umfang eines Nutzungsrechtes wird grundsätzlich in zwei Arten unterteilt, das einfache und das ausschließliche Nutzungsrecht. Das einfache Nutzungsrecht findet in Bilddatenbanken Verwendung. Die dort erworbenen Fotos dürfen von vielen Personen genutzt werden. Beim ausschließlichen Nutzungsrecht darf nur der Erwerber das Bild nutzen.
Die Nutzung von Bildern unterliegt weiteren Beschränkungen, die in einer Nutzungsrechtevereinbarung abgeklärt sein müssen:

Das © Symbol macht die Rechte an geistigem Eigentum deutlich. Es ist ökonomisch ausgerichtet, d. h. es geht um die Rechte am Vervielfältigen eines Werkes.

- Wie lange darf das Bild genutzt werden (Zeitlicher Rahmen)?
- Darf das Bild auch bearbeitet werden?
- Darf das Bild in verschiedenen Medien genutzt werden (Website; Flyer, social media)?
- Ist die Nutzung auf bestimmte Länder beschränkt?
- Wie soll die Nennung des Urhebers erfolgen?
- Ist der Zweck der Nutzung kommerziell (Werbung)?

Die Nutzungsrechte werden durch Lizenzen geregelt. Eine Lizenz vergibt ein Nutzungsrecht, oft im Tausch gegen ein entsprechendes Honorar.

Gängige Bildlizenzen im Überblick

In den Bilddatenbanken im Internet werden Bilder unterschieden in lizenzpflichtige Bilder (RM-Rights Managed Lizenzen), kostenfreie lizenzfreie Bilder (RF-rights free Lizenzen) und lizenzfreie bzw. gemeinfreie Bilder.
Die kosten- bzw. lizenzpflichtigen Bilder werden käuflich erworben und dürfen nur nach bestimmten Vorgaben verwendet werden, die Lizenz ist projektgebunden. Das angebotene Bildmaterial ist meist von sehr guter Qualität.
Kosten- und lizenzfreie Bilder können wesentlich freier genutzt werden. Die Lizenz ist benutzergebunden. Allerdings muss ebenfalls eine Gebühr gezahlt werden. Der Erwerb der RF-Lizenz erfolgt zum Pauschalpreis. Führende Agenturen bieten umfangreiches Material ebenfalls in hochklassiger Qualität an.
Bei Bildern mit freier Lizenz fallen nur Gebühren an, keine Honorare. Das so erhältliche Bildmaterial ist für eine kommerzielle Verwendung nicht immer geeignet.

Die Preise sind sehr unterschiedlich, können sich auch nach einem eventuell abgeschlossenen Vertrag (Abo) richten und von der Bildgröße (Auflösung) abhängen. Dies ist im Vorfeld abzuklären.

Bilddatenbanken (Stockagenturen)	Größe der Bilddatenbank (Anzahl Bilder und Grafiken, Videos)	Nutzungsbedingungen
Pixabay	ca. 1,7 Mio.	kostenlose (gemeinfreie) Bilder, keine Registrierung notwendig
Pixelio	ca. 500 000	kostenlose Bilder mit Bedingungen, Verweis auf Quelle notwendig, Registrierung erforderlich
Flickr	riesig	verschiedene Bildlizenzen erhältlich, Quellenangaben notwendig, Registrierung erforderlich
shutterstock	ca. 240 Mio.	Premiumdatenbank mit Monatsabos, Standardlizenz bei Kauf eines Bildes

Wichtige Unterscheidung: Für Präsentationen, die nicht allgemein verfügbar sind, sondern nur einer begrenzten Personengruppe zur Verfügung gestellt werden, können Bilder und kurze Textpassagen auch ohne den Erwerb der Rechte genutzt werden. Zum Beispiel bei einem Referat in der Berufsschule, das nicht online gestellt wird. Dies gilt für Werke geringen Umfangs – also einzelne Bilder und kurze Textpassagen.

Für die Erstellung einer Präsentation benötigen Sie ein Bild von Erdbeeren. Prüfen Sie das Angebot verschiedener Bilddatenbanken und speichern Sie ein lizenzfreies Foto.

E-Mails

4

Das Medium E-Mail ist ein wichtiger Internetdienst, der es ermöglicht, Textnachrichten sowie digitale Dokumente in wenigen Sekunden um die Welt zu senden. Die Nutzung ist privat und geschäftlich sehr verbreitet.

Die E-Mail ersetzt damit häufig die Briefpost. Wesentlich Vorteile sind beispielsweise der geringere praktische Aufwand und die geringeren Kosten.

Für Unternehmen sind E-Mails ein wichtiges Marketinginstrument. E-Mail Marketing wird z. B. eingesetzt, um Kunden auf neue Produkte bzw. Dienstleistungen oder Angebote hinzuweisen und die Kundenbindung zu stärken. Veranstaltungseinladungen, Weihnachtsgrüße und ähnliches können an so ausgewählte Zielgruppen versendet werden. Beim Online-Handel werden E-Mails u. a. als Bestell- und Versandbestätigung eingesetzt.

Ein Hauptbestandteil des E-Mail-Marketing ist der Newsletter (siehe S. 28). Als Newsletter wird ein regelmäßig erscheinendes Rundschreiben bezeichnet. Newsletter werden im ursprünglichen Sinn durch Kirchen, Vereine, Verbände und Unternehmen herausgegeben, um ihre Mitglieder, Kunden oder Mitarbeiter über Neuigkeiten zu informieren.

Themen für das Newsletter Marketing

1. *Recherchieren und nennen Sie deutsche E-Mail-Anbieter sortiert nach dem Marktanteil.*
2. *Erklären Sie Vor- und Nachteile eines Freemail-Accounts.*

E-Mail:

E-Mail ist die Abkürzung für Electronic Mail, weit verbreiteter Dienst im Internet, mit dessen Hilfe Textnachrichten und digitale Daten an einen bestimmten Empfänger versendet werden können.

Marketing:

Marketing umfasst alle Aktivitäten eines Unternehmens, die den Absatz durch Betreuung der Kunden, Werbung, Beobachtung und Lenkung des Marktes sowie durch entsprechende Steuerung der eigenen Produktion fördern.

4.1 E-Mails schreiben, empfangen, beantworten und speichern

E-Mail-Adresse

Zum Schreiben und Empfangen von E-Mails ist eine E-Mail-Adresse erforderlich. Für private Zwecke gibt es zahlreiche Freemail-Anbieter, die kostenfreie E-Mail-Adressen anbieten. Nach einer kurzen Anmeldung erhält man eine E-Mail-Adresse nach folgendem Muster:

Musterfrau@xxx.de

Lokalteil: Benutzername (Pseudonym)

Domänenteil: Name des Anbieters (Host); ein Punkt; Ländercode

geeignet: VornameNachname@xyz.de
ungeeignet: schnuffelmaus84@xyz.de

Eine E-Mail-Adresse besteht aus zwei Teilen, die durch das @-Zeichen voneinander getrennt sind. In der Geschäftswelt sollte eine seriöse E-Mail-Adresse gewählt werden, die als Benutzernamen den realen Namen enthält. Spitznamen oder Internetnicknames sollten vermieden werden.
Bei Unternehmen sollte der Firmenname Bestandteil der E-Mail-Adresse sein (z. B. NachnameVorname@Firma.de).
Um den Account einzusehen, kann man sich entweder auf der Website des Anbieters einloggen oder man kann die App des Anbieters nutzen.
Für geschäftliche Mails sollte aus rechtlichen und technischen Gründen eine professionelle E-Mail-Verwaltung (z. B. Google G-Suite, Microsoft Exchange) gewählt werden.

Aufbau einer E-Mail

E-Mails sind in die zwei Teile Header und Body geteilt. Der Header ist der Kopf der E-Mail, in den der bzw. die Empfänger und der Betreff eingetragen werden. Zudem enthält der Header Informationen über das Erstelldatum und die Absenderadresse. Je nach Ausführung des verwendeten E-Mail-Programms kann der Absender eine Zustell- und oder Lesebestätigung anfordern.

Eine Kopie der E-Mail kann versendet werden, indem eine E-Mail-Anschrift in die CC-Zeile eingegeben wird.

Senden
An ...
CC ...
Betreff:

Max Mustermann GmbH
Geschäftsführer
Musterstraße 8
Telefon: +00 12345-67
Fax: +00 12345-68
E-Mail: max.mustermann@mustergmbh.de
www.max-mustermann.de

Der Body enthält die eigentlichen Informationen. Das ist meist ein Text. Es können aber auch andere Formate z. B. Bilddateien eingefügt werden. Geschäftliche Mails enthalten meist eine sogenannte Signatur. Damit ist ein Textabschnitt gemeint, der genauere Angaben zum Absender enthält.

Es besteht zudem die Möglichkeit, komplette Dateien als Dateianhang oder Anlage zu verschicken. Die Größe eines Dateianhangs ist häufig durch den E-Mail-Provider begrenzt.

Überschreitet die Dateigröße diese Begrenzung, kann man die Datei komprimieren (siehe S. 25) oder man nutzt einen Cloudspeicher (siehe S. 6), wie z. B. Dropbox oder Google Drive.

Vor dem Absenden einer geschäftlichen E-Mail sollte geprüft werden:
- Korrekte E-Mail-Anschrift
- Alle weiteren Empfänger in cc oder bcc gesetzt (siehe S. 27)
- Fehlerfreier Text
- Komplette Anhänge

Erst nach dieser Prüfung sollte die E-Mail abgeschickt werden.

So lassen sich zum Beispiel Rechnungen oder Werbematerial zeitnah und portofrei versenden.

Sollte eine E-Mail nicht versendet worden sein bzw. nicht beim Empfänger angekommen sein, so gibt es eine Benachrichtigung. „Diese E-Mail konnte nicht zugestellt werden."

Mail delivery failed: returning message to sender

Die Gründe können sein:
- Fehler in der Anschriftsadresse
- Überfülltes Postfach beim Adressaten
- Verzögerungen anderer Art

- Dateianhänge nur öffnen, wenn sie von einem bekannten bzw. vertrauenswürdigen Absender stammen → Dateianhänge können Computerviren enthalten.
- Aufforderungen einer Mail, geheime Zugangsdaten preiszugeben nie nachkommen.

Daran sind Phishing-Mails oft zu erkennen:
- Keine Ansprache mit Namen, sondern mit „sehr geehrter Kunde"
- Oft fehlerhafte deutsche Grammatik
- Zeichensatzfehler
- Kyrillische Buchstaben und fehlende Umlaute
- Aufforderung, geheime Zugangsdaten preiszugeben
- Dringende Aufforderung zum Öffnen einer Datei im Anhang

Beim Erhalt einer Zip-Datei im Anhang, muss diese zum Öffnen entzippt (extrahiert) werden (siehe S. 8).

Zip-Dateien sind kleiner und können schneller als E-Mail-Anhang transportiert werden. Zudem benötigen sie weniger Speicherplatz.

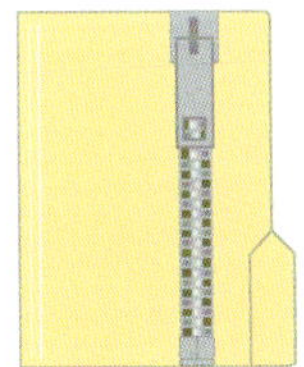

Zip-Dateien müssen zum Öffnen mit einer entsprechenden Software entpackt (extrahiert) werden. Dieses Komprimierungsformat wird z. B. beim Versenden von E-Mails genutzt. Das Betriebssystem Windows entpackt diesen Dateityp beim Öffnen automatisch.

Öffnen einer gezippten Datei:
- Den komprimierten Ordner öffnen (Doppelklick linke Maustaste).
- Datei aus dem gezippten Ordner an einen neuen Speicherort ziehen.
- Ordner öffnen.

So kann eine Datei gezippt werden:
- Datei anwählen
- Datei gedrückt halten
- „Senden an" wählen
- Komprimierten (gezippten) Ordner anwählen.
- Am gleichen Speicherort entsteht eine gezippte Datei mit selben Namen.

Netikette

Auf Höflichkeit und Etikette sollte bei geschäftlichen E-Mails nicht verzichtet werden (s. a. S. 32). Eine vernünftige Anrede, Bitte und Danke und freundliche Grüße zum Abschluss sind auch heutzutage noch wichtig. Das eigentliche Anliegen sollte kurz und klar ausgedrückt werden. Stilmittel der Ironie sind zu vermeiden. Der Text sollte auf Tippfehler und Rechtschreibung vor dem Versenden überprüft werden.

Wurde eine Nachricht in einer Gruppe geschrieben, so besteht die Möglichkeit, allen zu antworten.

Die Nachricht erreicht dann lediglich den Absender.

Antworten

Im Geschäftsverkehr sollten Mails möglichst innerhalb von 24 Stunden beantwortet werden. Wochenenden bilden hier eine Ausnahme. Bei längerer Abwesenheit ist eine Abwesenheitsbenachrichtigung üblich.
Die Betreffzeile muss gegebenenfalls aktualisiert werden („Bewerbung als Auszubildende" → „Terminvereinbarung zum Vorstellungsgespräch"). Ansonsten reicht die automatisch eingefügte „Abkürzung „RE". Der Antworttext ist über die ursprüngliche Nachricht zu setzen, damit der Gesprächspartner den Verlauf nochmals gegenlesen kann. Zu beachten ist, wer eventuell noch in CC gesetzt war.

Dies darf allerdings nur geschehen, wenn alle ihre Einwilligung zur Datenweitergabe gegeben haben. Alternativ wird auf die Mail mit „Antworten" reagiert.

Speicherung und Archivierung

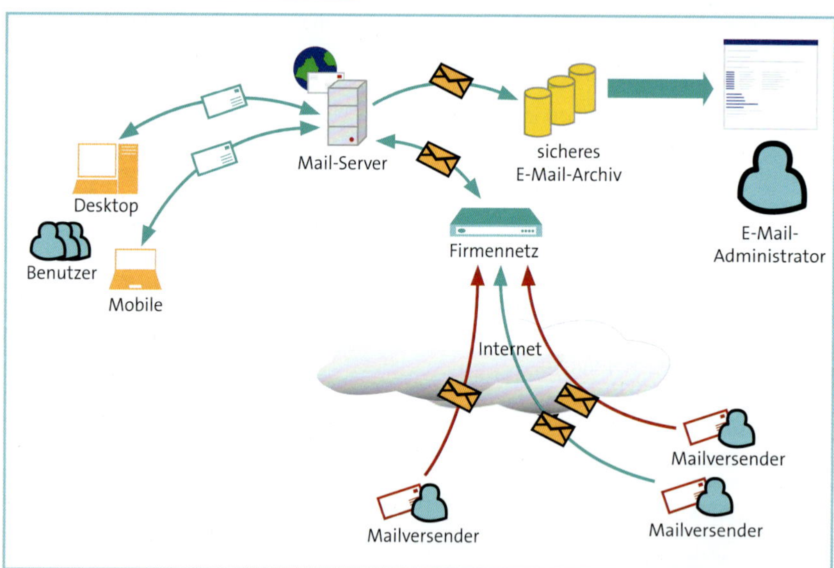

Da heutzutage der Großteil des Schriftverkehrs digital stattfindet, ist es oft wichtig, E-Mails außerhalb des Postfaches des E-Mail-Servers zu speichern (z. B. Rechnungen). Je nach E-Mail-Programm ist die Vorgehensweise unterschiedlich.

Um Mails in Papierform zu sichern, kann die Drucken-Funktion genutzt werden. Über diese Funktion ist es ebenfalls möglich, die Mail als PDF an dem gewünschten Speicherort zu sichern. Alternativ kann die Mail exportiert und auf diesem Wege als PDF gesichert werden.

Für Unternehmen besteht die Pflicht, Mails, die in Bezug zu Rechtsgeschäften stehen oder steuerrechtlich relevant sind, zu archivieren. Die Mails werden so zudem vor Datenverlust und illegalem Ausspähen geschützt. Geeignet ist z. B. ein Archivierungssystem, das die E-Mails bestimmten Geschäftsvorfällen oder Buchungen zuordnet (siehe S. 10).

Entwerfen Sie eine E-Mail an Ihre Ausbildungsberaterin, in der Sie sich nach den Terminen hinsichtlich der Abgabe des Ausbildungsnachweises und dem Führen der Wochenprotokolle erkundigen.

4.2 Datenschutz im E-Mail-Versand

Der ungesicherte E-Mail-Versand wird oftmals mit dem Verschicken einer Postkarte verglichen. Daher sieht der Datenschutz vor, dass sowohl die Inhalte als auch die E-Mail-Adressen von Absender und Adressat geschützt werden müssen. Die sogenannten personenbezogenen Daten, die Auskunft über persönliche Merkmale des jeweiligen Menschen geben (z. B. äußerliche und persönliche Merkmale, Standort, Kontakte), stehen dabei im Fokus. Folgende Grundsätze sind daher insbesondere bei geschäftlichen E-Mails zu beachten:

- Ein ständig aktualisiertes Anti-Virenprogramm sollte zur Standardausrüstung eines mit dem Internet verbundenen PCs gehören.
- Innerhalb der Betriebe sind klare Regeln für die dienstliche und – falls erlaubt – private E-Mail-Nutzung festgelegt.
- Dateianhänge sollten in Formaten, die keine Makros unterstützen (z. B. rtf oder pdf) versendet werden.
- Weiterleitung von E-Mails nur, wenn der originale Absender damit einverstanden ist.
- Bei Massen-E-Mails die Mailadressen im Header verbergen (BCC).
- E-Mails mit personenbezogenen Inhalten sollten verschlüsselt werden.

Bcc = Blind carbon copy bedeutet Blindkopie.

Unter Bcc kann ein Empfänger hinzugefügt werden, der für den primären Adressaten nicht sichtbar ist. Auch der Empfänger einer solchen „unsichtbaren Kopie" kann die anderen Adressen und bisherigen Diskussionsverläufe nicht sehen.

Makro:

Makro ist in der Softwareentwicklung eine unter einer bestimmten Bezeichnung (Makroname) zusammengefasste Folge von Anweisungen oder Deklarationen, um diese (anstelle der Einzelanweisungen, i. d. R. an mehreren Stellen im Programm) mit nur einem einfachen Aufruf ausführen zu können.

Verschlüsselung

Als erstes sollte die Verbindung zwischen dem E-Mail-Anbieter und dem Computer gesichert sein (Transportverschlüsselung). Dies ist bei Maildiensten mittlerweile Standard und an der Webseiten-URL erkennbar. Diese beginnt dann mit https statt http.

→ 🔒 https://email.t-online.de/em

Zudem beginnt die Adresszeile mit einem Schloss:
Bei der Ende-zu-Ende-Verschlüsselung wird die E-Mail selber verschlüsselt. Nur der Sender und der Empfänger können die E-Mail lesen, wenn sie über die notwendigen Schlüssel verfügen. Dazu ist ein entsprechendes Verschlüsselungsprogramm notwendig (siehe S. 11).

Umgang mit E-Mails

- Hinterlassen Sie Ihre E-Mail-Adresse an so wenigen Stellen wie möglich.
- Geben Sie Ihre private E-Mail-Adresse nur an Personen, mit denen Sie wirklich eine Kommunikation wollen.
- Beantworten Sie niemals eine Spam-E-Mail.
- Klicken Sie nicht auf Bilder oder Links in Spam-E-Mails.

Spam

Als Spam oder Junk (engl. für Müll) werden unerwünschte, in der Regel auf elektronischem Weg übertragene massenhafte Nachrichten (Informationen) bezeichnet, die dem Empfänger unverlangt zugestellt werden, ihn oft belästigen und auch häufig werbenden Inhalt enthalten. Dieser Vorgang wird Spamming oder Spammen genannt, der Verursacher Spammer.
Der E-Mail-Spam ist wegen der großen Verbreitung am bekanntesten. Oft handelt es sich um Marketing-Aktionen, aber auch hetzende E-Mails und Kettenbriefe gehören in diese Kategorie.

Derzeit wird Spam hauptsächlich durch Spamfilter bekämpft. E-Mail-Adressen gelangen auf unterschiedliche Weise in die Hände von Spam-Versendern. Kleine Programme (Harvester) durchforsten z. B. das Internet und sammeln alle E-Mail-Adressen, die auffindbar sind (Gästebucheinträge, Impressum, Gewinnspiele u. ä.). Gewinnspiele, die auf der Straße (z. B. Einkaufszentren) durchgeführt werden, eignen sich auch gut zum Sammeln von Adressen. Aber auch der illegale Handel mit E-Mail-Adressen über Adressenhändler spielt eine große Rolle.

SPAM-Dosenfleisch. Darauf geht der Begriff Spam zurück.

4.3 Newsletter

Newsletter:

ein (meist elektronisches) regelmäßig erscheinendes Rundschreiben

Als **Newsletter** (engl. für **Mitteilungsblatt**, **Verteilernachricht** oder **Infobrief**) wird ein (meist elektronisches) regelmäßig erscheinendes Rundschreiben bezeichnet. Besonders bei Onlineshops ist dies eine beliebte Marketing-Methode. Kunden können auf diese Weise z. B. auf besondere Angebote, Produktnews, Veranstaltungen und unternehmensbezogene Neuigkeiten aufmerksam gemacht werden.

Gestaltung

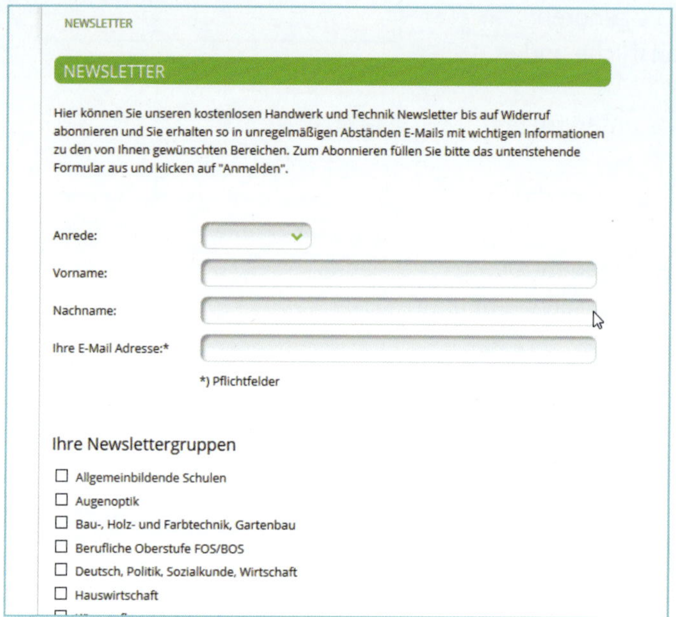
NEWSLETTER

NEWSLETTER

Hier können Sie unseren kostenlosen Handwerk und Technik Newsletter bis auf Widerruf abonnieren und Sie erhalten so in unregelmäßigen Abständen E-Mails mit wichtigen Informationen zu den von Ihnen gewünschten Bereichen. Zum Abonnieren füllen Sie bitte das untenstehende Formular aus und klicken auf "Anmelden".

Anrede:

Vorname:

Nachname:

Ihre E-Mail Adresse:*

*) Pflichtfelder

Ihre Newslettergruppen

- ☐ Allgemeinbildende Schulen
- ☐ Augenoptik
- ☐ Bau-, Holz- und Farbtechnik, Gartenbau
- ☐ Berufliche Oberstufe FOS/BOS
- ☐ Deutsch, Politik, Sozialkunde, Wirtschaft
- ☐ Hauswirtschaft

Damit ein Newsletter erfolgreich ist (gelesen wird) und nicht sofort von den Empfängern gelöscht wird, sollten folgende Tipps beachtet werden:

- E-Mail-Adressen über das BCC-Adressfeld einfügen (siehe S. 27)
- Neugierig machende Betreffzeile formulieren
- Ansprache personalisieren (insbesondere bei Bestandskunden)
- Kurzen, gut gegliederten Haupttext schreiben
- Verlinkungen nutzen, um Dokumente oder Grafiken zur Verfügung zu stellen
- Höfliche Verabschiedung

Zur professionellen Gestaltung der Newsletter gibt es entsprechende Tools bzw. Software, mit deren Hilfe die Adressverwaltung organisiert wird und die zudem verschiedene vorgefertigte Layouts zur Verfügung stellt.

Da immer mehr Menschen den Newsletter auf einem Tablet oder Smartphone lesen, sollte die Darstellung über das Responsive Design an das jeweilige Endgerät angepasst werden.

Beim Responsive Design (Responsive Webdesign) wird eine Internetseite je nach Bildschirmgröße und/oder Device anders dargestellt, um die Besucherfreundlichkeit zu gewährleisten:

Rechtsgrundlagen

Zum Schutz des Verbrauchers gibt es umfassende rechtliche Grundlagen, die beim Versenden eines Newsletters zu Werbezwecken zu beachten sind. Die wichtigsten Regelungen sind:

- es muss die eindeutige Einwilligung des Empfängers vorliegen,
- es muss eine unkomplizierte Abbestellung möglich sein,
- der Absender muss klar identifizierbar sein,
- es muss ein Impressum vorliegen,
- es muss eine Datenschutzaufklärung vorliegen.

Hinweis zum Datenschutz

☐ Ja, ich abonniere den kostenlosen Newsletter von Handwerk und Technik. Mir ist bewusst, dass mein(e) Daten/Nutzungsverhalten elektronisch gespeichert und zum Zweck der Verbesserung des Kundenservice ausgewertet und verarbeitet werden und dass ich mich jederzeit abmelden kann. Meine Daten dürfen nicht an Dritte weitergegeben werden.

Datenschutzerklärung

Soziale Netzwerke und Messenger-Dienste

5

Soziale Netzwerke und Messenger-Dienste wie WhatsApp, Threema, Signal, Ginlo, Telegram, Instagram, Snapchat, Facebook oder andere haben heutzutage einen großen Stellenwert im Lebensalltag für einen großen Teil der Bevölkerung. Gerade das Smartphone ist mittlerweile ein selbstverständlicher Begleiter, der es ermöglicht, nahezu in Echtzeit Bilder, Videos und Textnachrichten mit Anderen zu teilen.

5.1 Verschiedene Anbieter und Sicherheitseinstellungen

Soziale Netzwerke und Messenger-Dienste beinhalten Anruffunktionen, ermöglichen Gruppenunterhaltungen, bilden Profile ab und dienen dem Versand von Nachrichten. Auch Posts von Kommentaren und Videos sind bei einigen möglich. Für viele der Dienste wird eine App benötigt. Nicht alle ermöglichen die Einstellung einer Privatsphäre.
Im privaten Bereich steht die Möglichkeit des miteinander Chattens im Vordergrund.
Auch in beruflichen Situationen können gegebenfalls soziale Netzwerke und Messenger-Dienste für das Marketing und die Kontaktpflege hilfreich sein. Bei der Nutzung müssen alle Sicherheitshinweise und Datenschutzrichtlinien beachtet werden. Diese sind nicht bei allen Anbietern eindeutig zu durchblicken und zu überprüfen.

Viele Anbieter arbeiten mit einer Nutzerregistrierung, z. B. Facebook, Ginglo, Signal, Whatsapp, Skype, Telegram, Wire.

Ein anonym nutzbarer Messenger-Dienst ist Threema, der als bisher Einziger kostenpflichtig ist.

Für die betriebliche Kommunikation in Unternehmen sollte genau geprüft werden, ob und welcher Messenger-Dienst Anwendung finden soll. Eine Herausforderung besteht darin, dass der zu wählende Dienst dann von möglichst vielen Kunden akzeptiert wird.

Für Unternehmen können bei den Messenger-Diensten die Funktionen der Kontaktpflege in Umfragen und Chats, Terminvereinbarungen, Gruppenunterhaltungen oder auch Posts mit Tests und Informationen interessant sein. Die Einbindung von Fotos, Videos, Musik und Storys führt zu einer attraktiven Darstellung der Firmen oder auch einzelner Personen. Die Nutzung und Verknüpfung mit Hashtags kann die Informationsweitergabe erleichtern. Ebenso lassen sich Informationen über Videoportale austauschen.

Ein einzusetzender Messenger-Dienst in einem Unternehmen dient der Koordination von Teams, der Initiierung von Aktivitäten oder dem Austausch von Informationen.

Geht es um die dienstliche Nutzung eines Messenger-Dienstes kann gerade dies eine datenschutzrechtliche Unternehmensschwachstelle darstellen und somit zu möglichen Datenschutzverletzungen führen. Dies kann im schlechtesten Fall einen Hackerangriff erleichtern, um Unternehmensdaten abzugreifen.

Das Verschwinden aus einem Chatverlauf muss nicht automatisch heißen, dass die Nachrichten auch auf den Servern der Messenger-Betreiber gelöscht werden.

Mit dem Schweizer Messenger-Dienst Threema kann der Nachrichtenaustausch anonym erfolgen, also ohne Übermittlung von personenbezogenen Daten. Speziell für Unternehmen wird die App Threema Work angeboten.

Teamwire ist speziell auf die Sicherheits- und Datenschutzbedürfnisse von Behörden, Institutionen und Organisationen ausgelegt.

Die Auswahl von sozialen Netzwerken und Messenger-Diensten im beruflichen Kontext ist sorgfältig zu überlegen. Einige Kriterien für eine Recherche (Auszug aus einer Checkliste):

- ☐ Gibt es eine Datenschutzerklärung auf deutsch?
- ☐ Ist der Zugriff auf gespeicherte Kontakte zwingend erforderlich?
- ☐ Ist die Angabe der eigenen Telefonnummer erforderlich?
- ☐ Muss ein Nutzername angegeben werden? – In einigen Fällen reicht ein Pseudonym oder emoji ☺
- ☐ Lassen sich Statusmeldungen wie „Online" oder „Gelesen" deaktivieren?
- ☐ Gibt es eine Ende-zu-Ende-Verschlüsselung (siehe S. 11 und 27) nur für einen privaten Chat zu zweit oder auch für Gruppen?

Wer in sozialen Netzwerken, mit Messenger-Diensten und auch im Internet unterwegs ist, sollte um die Möglichkeit des Webtrackings wissen und aufmerksam und vorsichtig durchs Netz wandern.

Ein soziales Netzwerk (Internet) ist eine virtuelle Gemeinschaft, die sich auf einer Plattform austauscht. Voraussetzung dafür ist, dass man sich im jeweiligen Netzwerk anmeldet bzw. einen Account anlegt und damit verbunden ein Profil erstellt. Das Profil bietet Raum, sich selbst vorzustellen mit persönlichen Angaben zu Interessen, Hobbys oder der Lebenssituation. Um mit anderen kommunizieren zu können, sucht der Nutzer/die Nutzerin nach realen Freunden, neuen Kontakten oder Gruppen, die die gleichen Interessen verfolgen. Anschließend besteht die Möglichkeit Texte, Fotos oder Videos auf die Pinnwand oder in eine Chronik zu stellen, sich gegenseitig Nachrichten zu schreiben, in Echtzeit miteinander zu chatten oder auch miteinander zu telefonieren (bei Bedarf mit Kamera).

Beispiele von Apps für Videokonferenzen sind Zoom, Teams, Webbex, Jitsi u. v. m.

Ziel des Webtracking ist es, das Verhalten, die Vorlieben und Interessen der Internetnutzer zu erkennen, zu analysieren und zu speichern. Auf Basis dieser Daten aus dem Webtracking werden personalisierte Werbeangebote geschaltet, die der User dann beim Navigieren im Internet angezeigt bekommt.

Werden Geschäftskontakte im Handy gespeichert, handelt es sich nicht mehr um eine rein private Nutzung. Bei der Verwendung von einem Messenger-Dienst wie WhatsApp zur geschäftlichen Kommunikation wird damit gegen die DS-GVO verstoßen.

Überprüfen Sie diese Aussage.

1. *Erstellen Sie eine Tabelle mit den Funktionen und Nutzungen der sozialen Netzwerke.*
2. *Führen Sie die Unterschiede zwischen zwei Messenger-Diensten Ihrer Wahl auf.*
3. *Recherchieren Sie die Sicherheit der unterschiedlichen Messenger-Dienste nach heutigem Stand.*
4. *Erläutern Sie die Sicherheitsstandards bezüglich des Datenschutzes am Beispiel WhatsApp.*
5. *Nennen Sie Instagram-Accounts zum Thema Hauswirtschaft.*
6. *Recherchieren Sie, bei welchem Messenger-Dienst eine anonyme Kommunikation möglich ist. Diskutieren Sie die Vor- und Nachteile.*

5.2 Datenschutz und Passwörter

Die Informationen, die in sozialen Netzwerken preisgegeben werden, sind weltweit abrufbar und es ist fast unmöglich, diese wieder restlos zu löschen. Der Schutz der eigenen Privatsphäre kann zwar durch entsprechende Einstellungen des eigenen Accounts sichergestellt werden, aber Risiken z. B. durch ein Datenleck bleiben. Es geht beim Thema Datenschutz aber nicht nur um die Daten, die der Nutzer selber „postet", sondern um solche, die der Netzwerkbetreiber sammelt.

Diese Daten sind Grundlage einer Persönlichkeitsanalyse, es entsteht ein Datenspiegelbild der Nutzer, das aus Informationen z. B. über Bildung, Finanzen, Wohnung, Interessen und Gesundheit besteht. Es besteht die Gefahr der Manipulation (z. B. durch Angebote und Werbung) und der Stigmatisierung (ein Fehlverhalten dient der lebenslangen Einordnung).

Gesammelt werden:
- die Aktivitäten und Daten der verknüpften Freunde
- die eigenen Bewegungen im Netz und im sozialen Netzwerk
- Daten, die das Smartphone verrät, z. B. den Aufenthaltsort
- Vorlieben, Abneigungen durch den Like-Button

Die DS-GVO (Datenschutzgrundverordnung)

Die DS-GVO regelt den Umgang mit personenbezogenen Daten durch private und öffentliche Datenverarbeiter EU-weit. Datenverarbeiter sind bspw. Anbieter von Onlinediensten, wie WhatsApp, Instagram oder YouTube aber auch Firmen, Behörden und Institutionen im Internet.

Personenbezogene Daten:

Alle Informationen, die sich auf eine identifizierte oder identifizierbare natürliche Person beziehen, zum Beispiel ...

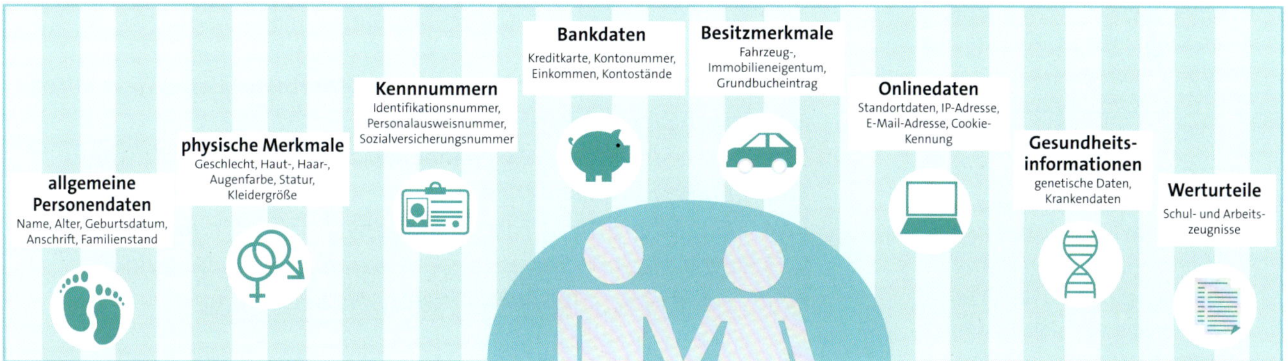

Alle Informationen dürfen nur noch mit Zustimmung der betreffenden Person gesammelt werden, wobei diese jederzeit widerrufen werden kann. Die Datenverarbeiter sind zur Transparenz und Information über die Sammlung und Nutzung von persönlichen Daten verpflichtet. Folgende Hinweise sind u. a. zur Umsetzung zu beachten:

- Umsetzung der erweiterten Informationspflichten
- Prüfung, ob ein Datenschutzbeauftragter bestellt werden muss
- Dokumentationspflichten organisieren
- Datensicherheit gewährleisten
- Benachrichtigungspflicht bei Datenpannen organisieren
- Mitarbeiter schulen und sensibilisieren
- Prozesse zur Umsetzung der Betroffenenrechte (z. B. Auskunft) implementieren

Sicher unterwegs in sozialen Netzwerken und im Internet

Die verbesserten gesetzlichen Grundlagen machen jedoch den besonnenen Umgang mit sozialen Netzwerken nicht überflüssig. Der einzelne Nutzer ist gefordert sich über den vernünftigen Umgang mit Daten in sozialen Netzwerken zu informieren. Das Bundesamt für Sicherheit in der Informationstechnik (BSI) gibt folgende Tipps zum sicheren Umgang mit sozialen Netzwerken:

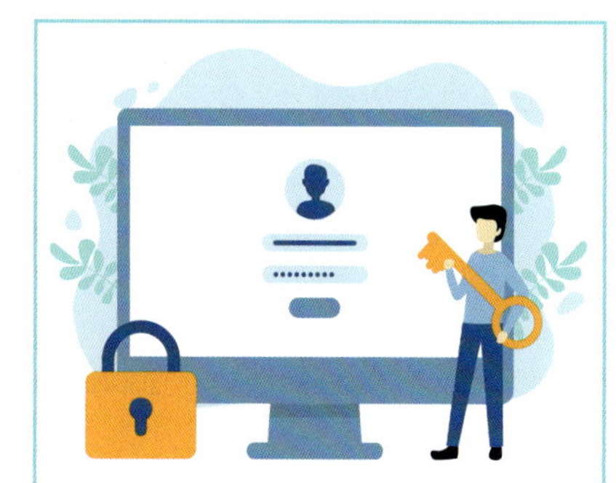

- Arbeiten Sie mit verschiedenen Nutzerkonten.
- Verwenden Sie unterschiedliche E-Mail-Adressen und sichere Passwörter.
- Nutzen Sie eine Zwei-Faktor-Authentisierung.
- Seien Sie vorsichtig bei der Installation von Apps, Add-Ons oder Plug-Ins.
- Seien Sie bei mobiler Nutzung besonders vorsichtig.
- Seien Sie wählerisch bei Kontaktanfragen.
- Klicken Sie nicht unüberlegt auf Links oder Buttons.
- Schützen Sie Ihre Privatsphäre, geben Sie nicht zu viel von sich preis.
- Melden Sie Cyberstalker und Hasskommentare.
- Seien Sie besonders zurückhaltend bei der Weitergabe von personenbezogenen Daten (siehe S. 31).
- Löschen Sie Ihren Account, wenn Sie ihn nicht mehr benötigen.
- Lesen Sie die Datenschutzbestimmungen und die Allgemeinen Geschäftsbedingungen (AGB) und informieren Sie sich über Ihre Rechte und Pflichten.
- Verwenden Sie in beruflichen Situationen ein Passwort Verwaltungsprogramm und Verschlüsselungen (siehe S. 11) – diese bieten durch automatisch generierte Passwörter zusätzlichen Schutz.

Bei Problemen sind die Datenschutzbehörden oder Verbraucherzentralen Ansprechpartner.

Eine Firewall (siehe S. 39) und ein aktuelles Virenschutzprogramm bieten Schutz gegen Malware und Schadprogramme.

1. *Nennen Sie Einstellungen, die Sie beim Datenschutz Ihres gewählten Messenger-Dienstes vornehmen können.*
2. *Diskutieren Sie, ob ein Messenger-Dienst für eine geschäftliche Kommunikation geeignet ist.*
3. *Beim Messenger-Dienst Threema landen die Handynummern nicht im Klartext auf dem Server, sondern werden durch eine zufällige Zahlenreihe verschlüsselt. Erklären Sie die Bedeutung.*

Einige soziale Medien haben hat sich zu einem Servicekanal entwickelt, auf dem Fragen geklärt, Anfragen gestellt und Beschwerden abgegeben werden. Es empfiehlt sich crossmedial zu arbeiten, d. h. mehrere Kanäle übergreifend zu nutzen.

5.3 Social-Media-Marketing

Die sozialen Medien (engl.: social media) haben sich zur Kommunikations- und Interaktionsplattform Nr. 1 entwickelt. Die Menschen tauschen sich dort über das aus, was sie bewegt. Eine Präsenz auf sozialen Plattformen verhilft daher zu mehr Aufmerksamkeit für Dienstleistungen und Produkte. Den Unternehmen stehen durch die sozialen Netzwerke vielfältige Möglichkeiten der Kontaktpflege mit den Kunden zur Verfügung. Hier einige Beispiele:

- Video-Plattform (z. B. YouTube): Unternehmensvorstellungen
- Social-Networking-Plattformen (z. B. Facebook): Kontaktaufnahme, Beschwerdemanagement, Werbung, kleine Internetpräsenzen
- Blogs (z. B. tumblr): Inhalte publizieren
- Social Commerce Portale (z. B. Spreadshirt): neue Absatzkanäle
- Bewertungsplattformen (z. B. seniorplace): Steigerung und Relevanz bei Suchmaschinen durch Vernetzung
- Content Sharing (z. B. Instagram): Unternehmensdarstellung, Werbung
- Messenger-Dienste (z. B. Threema): persönliche Kundenbetreuung, Anwerbung von Auszubildenden

5.4 Netikette 4.0

In sozialen Medien

Der Ton im Netz ist rauer geworden. Im Internet fühlen sich viele sicher, anonym und unangreifbar. Angesichts von Beleidigungen und Hasstiraden, aber auch von kleinen Unachtsamkeiten im alltäglichen Miteinander in den sozialen Netzwerken wird einen Leitfaden für eine gute Kommunikation im Internet benötigt. Hier ein Vorschlag für Privatpersonen:

- Sparsam sein mit Informationen
- Erst denken, dann posten
- Kein Rassismus
- Keine Frauenfeindlichkeit
- Keine Kraftausdrücke
- Keine Urlaubsfotos von Kindern nackt oder mit Badeanzug
- Nonsense-Bilder von sich posten – ist das der Situation angepasst und später nicht peinlich?
- Private Daten wie Telefonnummer oder Hausadresse sollten nicht angegeben werden
- Streit möglichst nicht online austragen
- Sparsamkeit mit Emojis
- Nicht jedes Essen muss fotografiert werden
- Wie findet es eigentlich der Partner, wenn alles geteilt wird?

Aber auch bei der gewerblichen Nutzung gilt es Grundregeln zu befolgen:

- Persönlichkeitsrechte achten
- Urheberrecht wahren
- Sachlich argumentieren
  Klare, korrekte Sprache
- Nicht „schreien"
- Duzen oder Siezen?
- Höflichkeit wahren
- Netz-Jargon beachten

Bei Videokonferenzen

Gutes Miteinander bei Videokonferenzen:

- Einen ruhigen Ort suchen und Unterbrechungen minimieren.
- Nur wer spricht, schaltet das Mikrofon ein.
- Höflich und korrekt in der Ansprache bleiben. Keine Beschimpfungen.
- Nur am Laptop tippen, wenn das Mikrofon ausgeschaltet ist.
- Mit der Verwendung eines Kopfhörers kann man gegenseitig viel besser hören und es hilft, akustische Rückkopplungen zu vermeiden.
- Nicht gleichzeitig sprechen.
- In normaler Lautstärke sprechen. Nicht in das Mikrofon schreien.
- Alarme und Benachrichtigungstöne stumm schalten.
- Fragen nicht sofort laut stellen, da dies durch die Zeitverzögerung schwierig ist.
- Stattdessen die „Hand heben" oder eine Textnachricht senden.
- Möglichst das Symbol „Daumen-hoch/runter" einsetzen.
- Eine kabelgebundene Internetverbindung nutzen, wenn es oft zu Bild- oder Tonproblemen kommt.

Die Kommunikationsregeln der sozialen Medien gelten auch für Videokonferenzen.

Viele Kopfhörer verfügen über ein eingebautes Mikrofon, das sehr gut für Videokonferenzen geeignet ist.

Ein Gastgeber und Moderator hat die Möglichkeit, Andere stumm zu schalten, kann verhindern, dass Andere ihren Bildschirm teilen oder einzelne Teilnehmer aus der Videokonferenz entfernen.

1. *Entwickeln Sie in Gruppenarbeit entsprechende Regeln für die Nutzung eines Messenger-Dienstes.*
2. *Überlegen Sie sich eine Instagram-Story für Ihren Ausbildungsbetrieb unter Beachtung der Regeln der Datensicherheit und der Nettikette sowie auch der Verwendung von Bildrechten.*

6 Gestaltungsregeln digitaler Medien

Digitale Medien stellen gewöhnlich Inhalte, also Sachaussagen oder Produkte für bestimmte Zielgruppen dar. Die Inhalte werden dabei durch Visualisierungen unterstützt. Eine beliebte Darstellungsart zur Vorstellung von Unternehmen, Produkten und Dienstleistungen sowie von Fachthemen ist die Präsentation.

6.1 Präsentationssoftware

Farbwahl und -gestaltung

Kontraste

Kontraste

Ob auf Flyern, Plakaten oder auch auf Webseiten, die Hintergrundfarben sollten angenehm wirken und nicht die Aufmerksamkeit vom Inhalt bzw. Vortrag ablenken. Sie dienen zur Unterstützung. Wichtig ist vor allem das Zusammenspiel mit der Schriftfarbe. Es sollte ein akzeptabler Kontrast vorhanden sein. In der Regel eignen sich helle Schriftfarben gut für dunkle Hintergründe und dunkle Schriftfarben sind für helle Hintergründe geeignet. Die Farbgestaltung innerhalb einer Präsentation sollte einheitlich sein.

Layout

Office Theme

Titelfolie | Titel und Inhalt | Abschnitts-überschrift

Zwei Inhalte | Vergleich | Nur Titel

Leer | Inhalt mit Überschrift | Bild mit Überschrift

Layout

Mit Layout ist die Gestaltungsvorlage gemeint. Eine Folie/Seite sollte nicht überfrachtet werden. 4 bis maximal 6 Zeilen pro Folien sind empfohlen. Es sollten Stichwörter statt langer Sätze geschrieben werden. Maximal drei Schriftgrößen pro Folie sind sinnvoll. Das Layout sollte innerhalb einer Präsentation einheitlich sein.

Schriftgröße und Schriftart

Die Schriftgröße sollte nicht zu groß und nicht zu klein sein. Sie sollte für die ganze Zielgruppe gut lesbar sein, daher ist sie auch z. B. von der Raumgröße abhängig. Üblich ist beim Titel eine Größe von ca. 40 Punkten und beim Inhalt zwischen 20 und 30 Punkten, abhängig von der Textmenge. Schriftarten mit einem schlichten Schriftbild sind zu bevorzugen. „Sans-Serif"-Schriften wie z. B. Arial und Verdana sind gut geeignet. Nur eine Schriftart für alle Folien verwenden.

Schriftart mit Serifen

Animationen, Grafiken, Effekte, Folienübergänge

Präsentationsprogramme bieten eine Vielzahl an Visualisierungsmöglichkeiten. Bilder, Grafiken, Formen mit Schatten und Fülleffekten, Organigramme und Diagramme sind Möglichkeiten Inhalten mehr Lebendigkeit zu verleihen. Eine kurze und eindeutige Überschrift sollte nicht vergessen werden.
Animationen und Effekte sind eine weitere Möglichkeit, Präsentationen mit Dynamik und Lebendigkeit zu versehen. Inhalte können so Schritt für Schritt entwickelt werden. Sie können aber auch schnell ziemlich zu kindlich oder albern wirken. Sie sollten daher sparsam eingesetzt werden und eher schlicht bleiben.
Folienübergänge sollten ebenfalls dezent und einheitlich ausgewählt werden.

Die Visualisierungsmöglichkeiten, insbesondere Abbildungen können eingesetzt werden, da sie Inhalte veranschaulichen und die Spannung während eines Vortrages erhalten.

Corporate Design

Ein einheitliches Erscheinungsbild ist sehr wichtig. Das Farb- und Schriftkonzept sollte klar erkennbar sein und sich idealerweise am Corporate Design des Unternehmens orientieren. Im oberen Bereich der Folie wird üblicherweise das Logo platziert und die Farbgestaltung orientiert sich an den Firmenfarben.

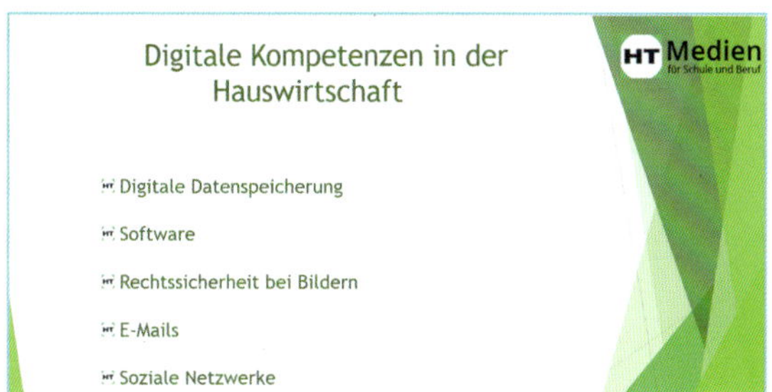

6.2 Gestaltpsychologie

In der Gestaltpsychologie geht es um die menschliche Wahrnehmung der Gegenstände bzw. Gestalten. Unsere Wahrnehmung funktioniert dabei sehr effizient und erlaubt uns eine sehr schnelle Orientierung in einer komplexen Umwelt. Bestimmte Sachverhalte werden dabei ausgeblendet, andere Dinge aus der Erfahrung heraus hinzugefügt. In der Gestaltpsychologie wird nun der Frage nachgegangen, was für den Menschen eine gute Gestalt ist. Je prägnanter eine Gestalt ist, desto schneller die Wahrnehmung und desto sicherer die Erinnerung, was gerade für die Werbung von elementarer Bedeutung ist.

Gesicht oder Vase?

Ähnlichkeit, Nähe, Geschlossenheit

Dinge, die ähnlich sind, die räumlich nahe beieinander liegen oder Dinge, die von einer geschlossenen Linie umfasst sind, werden von uns als zusammengehörig aufgefasst. Die Leere bzw. der Weißraum ist in diesem Zusammenhang ein wichtiges Gestaltungselement.

Gesetz der Nähe

Einstellung und Erfahrung

Wahrnehmen ist Wiedererkennen. Bekannte Formen werden auch bei Abstraktion erkannt. Wahrnehmung hat also mit Erfahrung und Lernprozessen zu tun. Gerade bei digitalen Medien ist es sehr sinnvoll, auf Erfahrung aufzubauen, da die Nutzung häufig intuitiv erfolgt.

Gesetz der Erfahrung

1. *Beschreiben Sie Ihren Ausbildungsbetrieb anhand einer Präsentation.*
2. *Entwickeln Sie einen Flyer zur Vorstellung Ihres Ausbildungsbetriebes nach den genannten Gestaltgesetzen.*

Die Gestaltgesetze sollten beim Erstellen aller digitalen Medien beachtet werden.

Lernsituation zu Teil B

Ihr Ausbildungsbetrieb ist ein Tagungshaus mit 330 Gästebetten.

Durch Fachkräftemangel – vor allem im Reinigungsbereich – musste die hauswirtschaftliche Leitung umdenken. In Ihrem Betrieb kommen Reinigungsroboter zum Einsatz.

Damit Sie Einblicke in den Bereich Privathaushalt und Betreuung erlangen, kooperiert Ihr Betrieb mit dem ortsansässigen ambulanten Pflegedienst und hauswirtschaftlichen Dienstleistungsservice „Kleeblatt“ ☘.

Dort werden auch Sie mehrere Wochen in jedem Ausbildungsjahr eingesetzt.

Am ersten Tag begleiten Sie die Hauswirtschaftsleitung beim Antrittsbesuch in verschiedene Haushalte und zu verschiedenen Kunden. Sie sollen dabei die für den Hauswirtschafts- und Betreuungsdienst relevanten Geräte erfassen, damit die vorhandenen Geräte und Maschinen sinnvoll genutzt werden können.

Smarte Haushaltsgeräte gehören bei vielen Senioren zum Alltag dazu. Einige Geräte erleichtern die anfallenden Arbeiten in Haus und Garten. Allerdings betrachten einige Kunden diese smarten Geräten recht kritisch. Ihre Aufgabe ist es, den Kunden zu erklären, was sich hinter „Smarthome“ verbirgt.

Zur Abrechnung der Einsätze nutzen die Mitarbeiter des Ambulanten Pflegedienstes eine App. Sie kennen eine ähnliche App aus ihrem Housekeeping im Gästebereich des Tagungshauses.

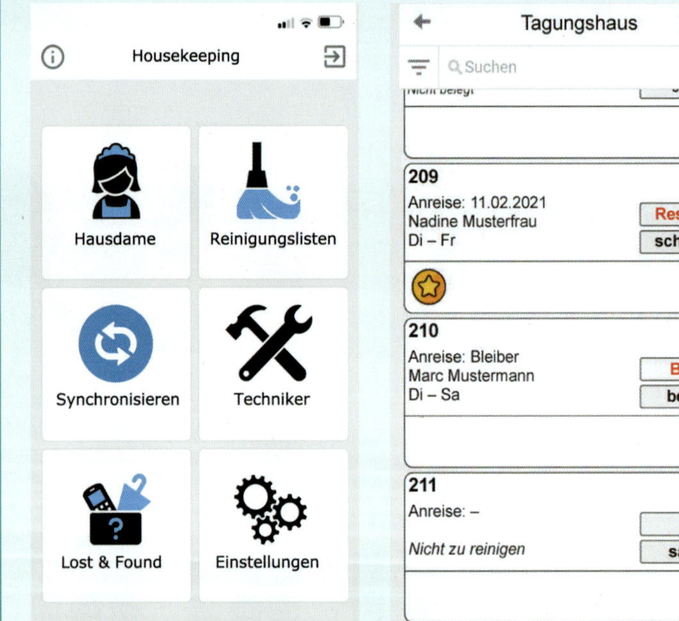

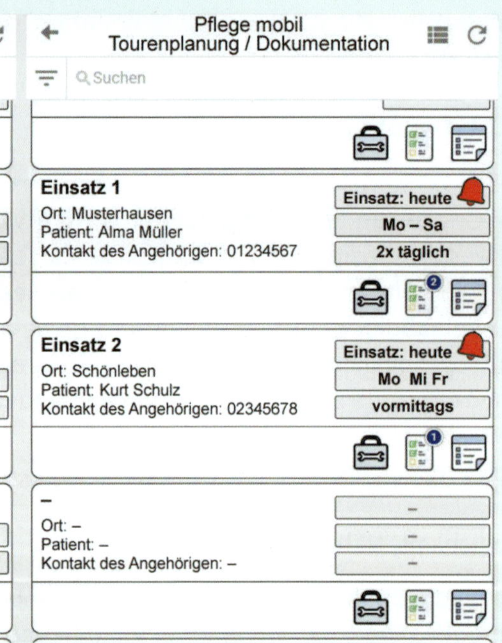

Im Pflegedienst sind alle zu versorgenden Zimmer wie „Bleiber“ zu behandeln, d. h. alle Räumlichkeiten sind zu reinigen.

Neben dem ambulanten Pflegedienst wird im „Kleeblatt“ auch Beratung für Senioren und deren Angehörige angeboten. Die Wohnung soll sicher sein, um möglichst lange darin wohnen bleiben zu können. Entsprechend wird im „Kleeblatt“ über verschiedene Assistenzsysteme beraten.

Biographiearbeit ist im Leitbild des Unternehmens verankert. Eine der Seniorinnen war früher selbst Meisterin der Hauswirtschaft. Sie legt großen Wert auf selbst zubereitetes, ausgewogenes und vollwertiges Mittagessen. Sie bevorzugt eigene Gerichte aus ihrer alten Rezeptkartei. Ihre Aufgabe ist es, die Rezepte zu digitalisieren und die Nährwerte der Gerichte zu erstellen. Auf diese Daten können alle Mitarbeiter des hauswirtschaftlichen Dienstleistungsservice zugreifen.

7 Wie Computer kommunizieren

Mit der Nutzung von technischen und digitalen Möglichkeiten in hauswirtschaftlichen Unternehmen sind Lösungen gefragt, die Informationen an den unterschiedlichen Geräten aktuell und schnell zur Verfügung stellen. Dies ist durch eine Vernetzung und gemeinsame Verwaltung dieser Geräte möglich.

7.1 Netzwerkarten

Damit Computer in einem Netz steuerbar sind, muss zunächst ein physischer Informationskanal durch Netzwerkkarten zwischen den Computern (hier PCs) hergestellt werden.

Netzwerk:

Für untereinander verbundene Systeme werden die Begriffe „Netz“ oder „Netzwerk“ verwendet. Der Begriff „Netz“ ist allgemeiner und „Netzwerk“ bezieht sich auf engmaschige Netze mit vielen Verbindungen und Knotenpunkte untereinander.

Netzwerke können auch von untereinander vernetzten Geräten gebildet werden, die im Hintergrund miteinander kommunizieren, um komplexe Abläufe zu erledigen.

Auch die Hauswirtschaft ist in ihren Arbeitsbereichen in vernetzte Systeme eingebunden: Das Intranet eines Betriebes als technisches Netzwerk, das Ausbildungsnetzwerk der Ausbildungsbetriebe oder auch das Netzwerk unterschiedlicher Berufsverbände als soziale Netzwerke.
Man unterscheidet bei der Vernetzung zum Einen nach der Reichweite:

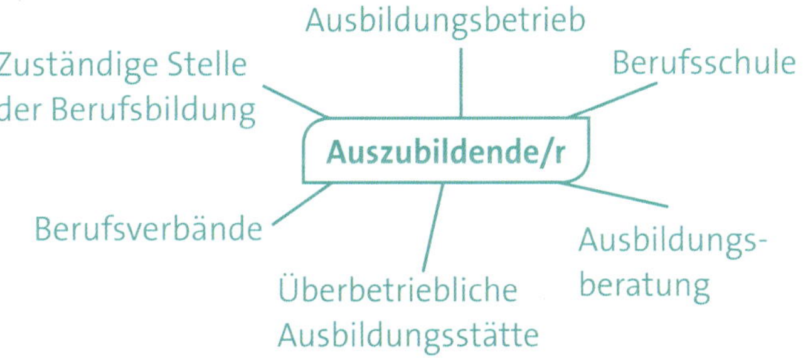

- LAN (Local Area Network): lokales Netzwerk (z. B. Schule, Büro) oder auch ein Haushalt. Viele Teilnehmer sind hier möglich. Die Übertragungsrate ist hoch und ist per Kabel oder wireless (drahtlos) möglich.
- WAN (Wide Area Network): Weitverkehrsnetzwerk (z. B. alle Schulen eines Landkreises)
- GAN (Global Area Network): globales Netzwerk (z. B. internationale Unternehmen)

und zum Anderen nach dem Zugang zum Netzwerk:

- Internet: öffentliches Netzwerk ohne Zugangsbeschränkung
- Intranet: privates Netzwerk, das den Benutzerkreis beschränkt

Darstellung eines Netzwerkes

Die Übertragung erfolgt über Kupferkabel oder Glasfaserkabel.

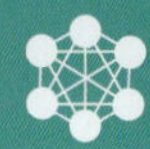

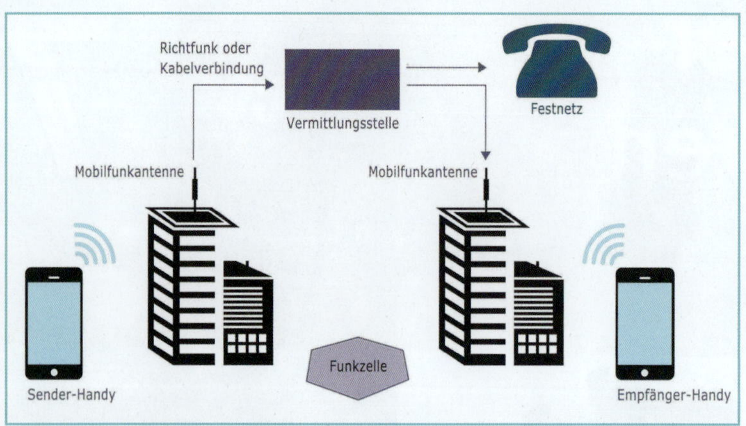

Für mobile Endgeräte werden Funkwellen als Übertragungsmedium genutzt:

- WLAN: Wireless Local Area Network, Reichweite ca. 30–100 Meter
- Bluetooth: Reichweite meist ca. 1–10 Meter
- Mobilfunknetze (LTE, 5G): globale Reichweite bei vorhandener Infrastruktur, z. B. Antennen

Ein Beispiel für Vernetzung ist die vollautomatische Warenwirtschaft: Der Speiseplan wird mithilfe der Software erstellt, mit der Bewohnerliste und deren Ernährungs- und Nährstoffbedarfen abgeglichen. Die Daten der notwendigen Zutaten werden mit den Lagerdaten verglichen und eine Bestellung der fehlenden Mengen bei den hinterlegten Händlern in Auftrag gegeben.
Hier funktioniert das Netzwerk allerdings nur so gut, wie es auch gefüttert wird, d. h. es müssen bei der Speiseplanung biografische Vorlieben und diätetische Bedürfnisse hinterlegt und die durchschnittlichen Verzehrsmengen berücksichtigt werden. Werden die Veränderungen der Lagerbestände nicht regelmäßig erfasst, entstehen Unterschiede zwischen dem Bestand im Warenwirtschaftsprogramm und dem realen Langerbestand. Durch eine genaue Datenerfassung kann der Einkauf gezielt die notwendigen Lebensmittel bestellen und Lebensmittelverschwendung und unnötige Kosten können vermieden werden. Die Systeme müssen also von Menschen kompetent überwacht und gepflegt werden. „Jede Technik ist nur so gut wie ihr Bediener."

7.2 Das Internet der Dinge

Router:

Ein Router ist ein Netzwerkgerät, das über eine Telefon- oder Kabelleitung eine Verbindung zum Internet ermöglicht.

Das Internet ist ein globales Netzwerk von Computernetzwerken, das die Computer in die Lage versetzt, mithilfe eines bestimmten Protokolls miteinander zu kommunizieren. Im Wesentlichen besteht es aus vier Teilen: Servern, Routern, Kabeln und Geräten, mit denen das Internet genutzt wird.

Zu Beginn war das Internet vor allem ein Netz der stationären Computer, später auch der mobilen Endgeräte wie Smartphones und Tablets. Heute agieren durch Funktechnik und Kommunikationsmodule sowie Chips auch Autos, Uhren, Fernseher, Kühlschränke und Heizungen und viele andere Geräte im Netz. Diese sogenannten smarten Geräte funktionieren wie Computer. Sie sind lokal oder über das Internet mit anderen Geräten vernetzt. Sie können den Alltag einfacher, bequemer und effizienter machen. Diese neue vernetzte Welt wird als das Internet der Dinge (IoT = Internet of things) bezeichnet.

Die Geräte müssen in der Regel an einer Steuerzentrale bzw. in einer App angemeldet werden. Die Benutzer müssen sie aktivieren – erst danach läuft alles scheinbar automatisch. Dieser Vorgang wird von vielen Benutzern nicht bewusst wahrgenommen. Der schnelle Klick auf „OK" führt die Aktivierung aus. Die Nutzerinnen und Nutzer liefern bei der Nutzung Daten, ohne es bewusst zu merken.

☑ Jetzt akzeptieren

Das Internet der Dinge birgt auch Gefahren: Durch die Vernetzung entsteht eine höhere Anfälligkeit für Manipulation von außen. Diese gefährdet die Privatsphäre, die Selbstbestimmung und auch den Datenschutz der Nutzer. Wichtig ist, entsprechende Sicherheitsvorkehrungen in den Einstellungen der Geräte (z. B. Firewall, Antivirenprogramme, Datenverschlüsselung (siehe S. 11), Autorisierung) zu treffen.

Ausgeschlossen werden können hier die automatische Weitergabe von Nutzungsdaten, automatische räumliche Ortungen und weitere sensible Nutzerdaten. Dies führt teilweise jedoch zu einer Einschränkung des Funktionsumfangs der Geräte.

Zudem sollte das Heimnetzwerk – insbesondere auch der Router – mit einer Firewall ausgestattet sein.

1. *Geben Sie Sicherheitsregeln bei der Nutzung des WLANs an.*
2. *Nennen Sie Beispiele aus Ihrem Alltag, die „smarte" Geräte sind. Wofür werden sie benutzt?*
3. *Erkundigen Sie sich in Ihrem Betrieb nach Netzwerken- sowohl in der IT-Struktur als auch im sozialen Bereich.*

Chip (engl.: Splitter oder Span):

Aus technischer Sicht ist ein Chip ein Halbleiterplättchen mit integriertem Schaltkreis. Auf engstem Raum können sehr viele Schaltkreise (Millionen) eingebunden werden, die Informationen verarbeiten, speichern und weitergeben. Einsatzgebiete für IoT-Geräte sind u. a. Wearables (z. B. Fitnesstracker, Smartwatches) und Smarthomes (z. B. Türen, Haushaltsgeräte, s. Kap. 9).

Fitnesstracker und Smartwatch

Firewall:

Eine Firewall ist ein IT-System, das Datenverkehr analysieren, weiterleiten oder blockieren kann. So werden unerwünschte Zugriffe erkannt und verhindert.

7.3 Sprachsteuerung

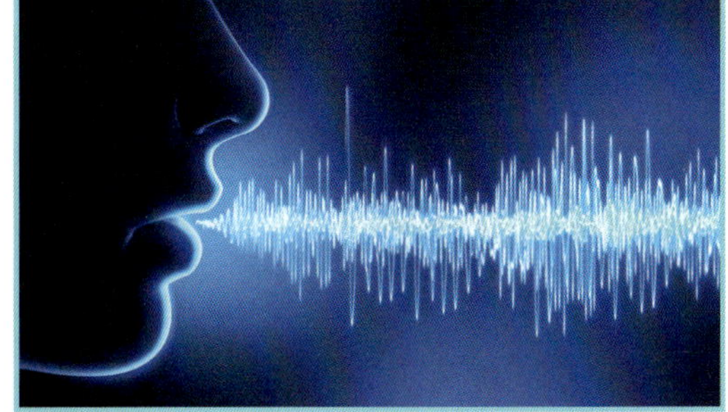

Als moderne Art der Steuerung (statt gewöhnlicher Eingabegeräte) hat sich die Sprachsteuerung etabliert. Hierbei erfolgt die Übermittlung der Befehle per Stimme. Voraussetzung ist ein entsprechendes Modul bzw. eine Software für Spracherkennung, das verbale Äußerungen aufnimmt und interpretiert. Verbreitet ist die Sprachsteuerung z. B. als intelligenter persönlicher Assistent bei Smartphones. Aber auch die Sprachsteuerung von Navigations- und Haushaltsgeräten erfreut sich großer Beliebtheit.

Im Alltag begegnen uns digitale Assistenten, die auf Zuruf elektronische Aufgaben erledigen. Voraussetzung dafür ist der Internetzugang des Gerätes, Stromanschluss und ein Dienstbetreiber, der große Rechenleistungen zur Verfügung stellt.

Anbieter (Stand 02/2020)	Sprachassistent
Amazon	Alexa
Google	Google Assistant
Apple	Siri
Samsung	Bixby
Microsoft	Cortana

Neben Smartphones oder Tablet usw. sind Sprachassistenten auf dem Vormarsch, da sie einfacher als Apps oder Fernbedienungen zu bedienen sind. Sprachassistenten bilden das Herzstück moderner Smarthomes. Sie dienen als Eckpfeiler für die Vernetzung von Geräten aller Art. Eine Bedienung der ins System eingebundenen Geräte ist dann über unterschiedliche Sprachassistenten möglich. Sprachassistenten müssen im selben Netz wie die Geräte geschaltet (verbunden) und kompatibel sein. Oft wird eine Software erforderlich, die alle Geräte zusammenbringt. So lässt sich alles mit einer Bedienoberfläche steuern.

Sprachassistenten verfügen über Künstliche Intelligenz (siehe S. 47) und können die Sprache der Benutzer immer besser verstehen.

Wie funktionieren Sprachassistenten?

Über ein Aktivierungswort wird die eigentliche Sprachsteuerung gestartet. Das Gerät überträgt das gesprochene Wort digital über das Internet zum Hersteller. Dort wird versucht, die Befehle umzusetzen. Neben der Steuerung smarter Geräte im Haushalt haben Sprachassistenten auch Kommunikations-, Informations- und Unterhaltungsfunktionen. Sie können Musik abspielen, einen Wecker oder Timer stellen, Begriffe erklären, Kalender verwalten und Nachrichten abrufen. Sprachassistenten können durch mehr Funktionen erweitert werden, z. B. können Spiele dazu gekauft oder Bildungs- und Nachschlagwerke erworben werden. Es gibt viele Möglichkeiten, die Funktionen von Sprachassistenten zu erweitern.

Ist der Herd mit dem Sprachassistenten verbunden, so kann per Sprachbefehl ein Timer gestellt werden, wie lange ein Gericht (z.B. Nudeln im Wasser) gekocht werden soll. Der Herd wird dann ausgeschaltet oder es erscheint z. B. ein Leuchtsignal, wenn die Zeit vorüber ist. So können auch Menschen, die schlechter hören, informiert werden.
Ein Sprachbefehl kann lauten: „Computer“ (Aktivierungswort), „Timer am Herd – bitte 3 Minuten!“ (Befehl).

1. *Beschreiben Sie Ihre Erfahrungen mit Sprachassistenten.*
2. *Führen Sie mögliche Gefahren bezüglich des Datenschutzes auf, die Sprachassistenten betreffen.*

Smarthome

8

„Der Wecker klingelt, der Kaffee ist gebrüht und die Lieblingsmusik wird eingeschaltet. Währenddessen wird das Badezimmer geheizt, um eine angenehme Temperatur beim Duschen zu haben. Während des Frühstücks erklärt die Sprachassistentin die anstehenden Termine des Tages. Der Fitnesstracker misst die Körpertemperatur und den Puls. Beim Verlassen der Wohnung startet der Staubsaugerroboter, die Heizung fährt herunter und die Musik und alle Lichter werden ausgeschaltet. Der Mähroboter war bereits in der Nacht aktiv – während Ihre Schlafphasen aufgezeichnet wurden. Auf dem Weg zum Einkaufen schickt Ihr Kühlschrank Ihnen einen Einkaufszettel aufs Handy. Zugleich noch das Rezept für das Abendessen- die Anleitung dazu bekommen Sie während der Zubereitung präsentiert."
– So könnte der Vormittag in einem smarten Zuhause beginnen.

Smarthome bedeutet, dass Geräte in einem Haus oder Haushalt untereinander in Verbindung stehen und fernsteuerbar sind. Fernsteuerbar können smarte Lampen und Lichtschalter, Rollläden, Waschmaschinen und Wäschetrockner, Küchengeräte, Heizungen und viele weitere Geräte sein. Auch die Vernetzung von Komponenten der Unterhaltungselektronik gehört dazu.

Smarthome:

Vernetzung von Geräten in einem Haus oder einem Haushalt, die fernsteuerbar sind. Synonym: Smart Living, Connected Home, Hausautomation, e-Home

Damit dies im Zusammenspiel funktioniert, werden neben einer konstanten Energieversorgung drei Voraussetzungen benötigt: Steuerung, Verbindungen und Geräte.

8.1 Steuerung

Geräte in einem Smarthome müssen bedient und gesteuert werden. Dies kann über eine Fernbedienung oder über Endgeräte wie ein Tablet, Smartphone oder einen Touchscreen, z. B. des Fernsehers erfolgen. Die Steuerungsgeräte müssen dieselbe Software oder das gleiche Funksignal wie die smarten Geräte enthalten. Eine weitere Möglichkeit ist die Bedienung mithilfe von Sprachassistenten.

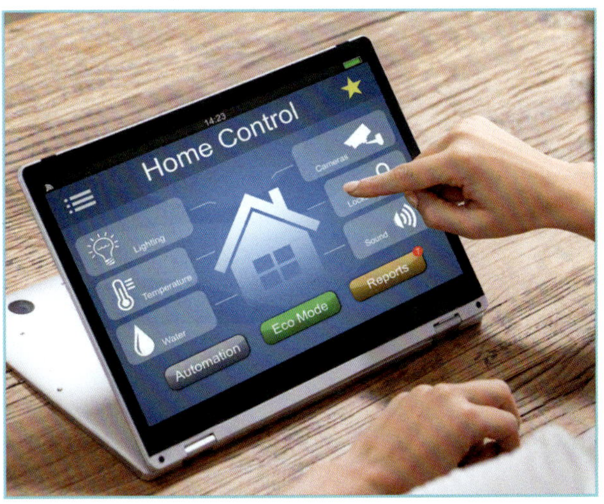

Es müssen nicht alle Geräte mit der gleichen Steuerung bedient werden. Mischformen sind üblich, z. B. wird die Waschmaschine über das Smartphone, der Staubsaugerroboter über die App auf dem Tablet und die Lampen mit der Fernbedienung geschaltet.

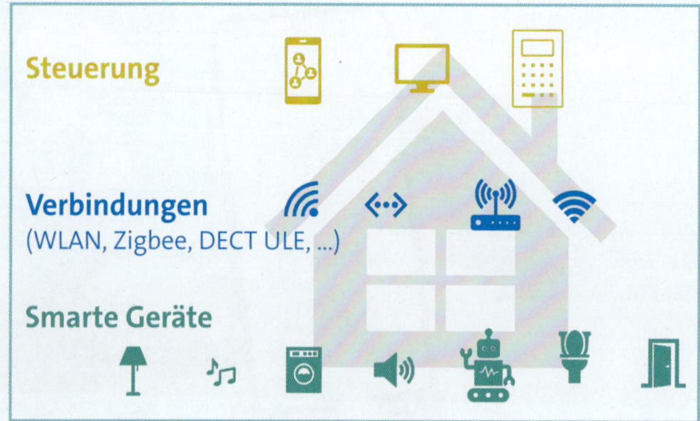

Ein Smarthome benötigt drei Voraussetzungen: Steuerung, Verbindung und smarte Geräte

Mithilfe einer geeigneten Software werden alle Geräte mit einer Bedienoberfläche gesteuert

Der Name Bluetooth geht auf den Wikingerkönig Harald Blauzahn (Engl. „Bluetooth") zurück. Das Symbol sind die Initialen seines Namens in runischer Schrift.

Sollen alle Funktionen mit einem Gerät gesteuert werden, bedarf es einer Software, die alle Geräte bedienen kann – so lässt sich im besten Fall, alles mit einer Bedienoberfläche steuern.

Sprachassistenten (siehe S. 40) gewinnen hier eine immer größer werdende Bedeutung.

8.2 Verbindungen im Smarthome

Über die Verbindungen, damit sind drahtlose Netzwerke gemeint, werden Informationen von den Steuerungen zu den Geräten weitergeleitet. Das kann ein WLAN oder Bluetooth sein, aber auch andere Netze (genauer: Funkprotokolle), z. B. DECT ULE oder Zigbee sind möglich.

Welche Verbindungen benutzt werden, hängen von den Voraussetzungen im Gebäude/in der Wohnung, den Vorlieben der Nutzer, den technischen Voraussetzungen der Geräte und von den Anforderungen der Übertragung ab. Wichtige Kriterien sind hier die Reichweite, der Energieverbrauch oder die Anzahl der vernetzten Geräte.

WLAN: Wireless Local Area Network (übersetzt: drahtloses lokales Netzwerk) bezeichnet ein lokales Funknetz (siehe a. S. 5, 37).

Bluetooth: Industriestandard für die Datenübertragung zwischen Geräten über kurze Distanz per Funktechnik (Punkt zu Punkt-Übertragung mit zwei Teilnehmern).

DECT ULE (engl.: DECT Digital Enhanced Cordless Telecommunications – ULE – ultra low energy) DECT ULE ist digital erweiterte Telekommunikation. Es ist ein Funkstandard, der es möglich macht, kabellos Daten auszutauschen. Schnurlose Telefone funktionieren über diesen Standard. Trotz des hohen Datentransfers verbraucht der Standard wenig Energie. Somit eignet er sich besonders für Geräte mit Batterie und für smarte Steckdosen. DECT ULE ist unabhängig vom Internet.

Zigbee ist ebenfalls ein drahtloses Netzwerk mit geringem Datenaufkommen, durch das Geräte miteinander kommunizieren können. ZigBee ist ähnlich wie WLAN, verbraucht aber nicht so viel Energie.

8.3 Geräte im Smarthome

Smarte Geräte sind über die Verbindungen mit der Steuerung in Kontakt und tauschen Informationen aus. Sie können also Informationen senden und empfangen.

Diese Geräte können vielfältig sein. Am häufigsten genutzt wird das Smart-TV, gefolgt von digitalen Sprachassistenten und Fitnesstrackern. Auch Staubsaugerroboter und vernetzte Küchengeräte sind auf dem Vormarsch. Interessant, im Hinblick auf Energie- und Ressourceneinsparungen sind vernetzte Steuerungen in der Klimaregulierung von Räumen. Dabei werden Lüftungen und Heizungen heruntergefahren, wenn Fenster geöffnet werden. Diese müssen mit Sensoren ausgestattet sein.

Steckdosen mit Fernbedienung, mit deren Hilfe Lampen und andere Geräte einfach ein- und ausgeschaltet werden können, sind praktikable Anwendungen mit wenig Aufwand in der Installation. Unterschiedlich programmierbare Lampeneinstellungen sorgen für die entsprechende gute Stimmung im Zuhause. Musik lässt sich mit Sprachassistenten ein-/aus- und umschalten. Rasenmähroboter sowie Beregnungsanlagen sind Automationen für den Garten.

„Die Digitalisierung der Heiztechnik leistet einen wichtigen Beitrag zum Klimaschutz und macht die Kopplung der Sektoren Wärme, Strom und Mobilität erst möglich." Uwe Glock, Präsident Bundesverband der Deutschen Heizungsindustrie (BDH)

Steuerbare und an Dunkel- und Helligkeit angepasste Rollläden und Schließanlagen an Türen und Fenstern werden von Vielen als Sicherheitsmaßnahme gegen Einbrecher eingesetzt.

8.4 Möglichkeiten eines smarten Seniorenzuhauses

Nutzer der Smarthome-Technologien bieten Senioren viel Potential, um einen langen Verbleib in der eigenen Wohnung zu ermöglichen. Die Ziele sind leichte Hilfestellungen in der Bewältigung des Alltags: Mäh- und Saugroboter, Kochassistenten und smarte Kühlschränke helfen. Zusätzlich können Sprachassistenten mit Erinnerungsfunktionen bestückt werden und einfache Fragen beantworten. Integrierte Hinweise auf die Tageszeit und den Tagesablauf unterstützen die Senioren, so lange wie möglich selbstbestimmt wohnen zu können. Sie können mobil bleiben und sich zuhause sicher fühlen.

Mit Sicherheitsstandards wie das Ausschalten des Herdes oder die zentrale Bedienung aller Lampen können durch Hausnotrufsysteme und Sensortechniken Wohnbereiche für Senioren sicherer gestaltet werden. Hausnotrufsysteme können bei plötzlichen Bewegungen (Sturzerkennung) oder fehlender Aktivierung bestimmter Geräte alarmiert werden.

Smartes Seniorenzuhause

Sicherheit

Ein Beispiel für ein erfolgreiches Assistenzsystem ist das Hausnotrufsystem. Die pflegebedürftige Person erhält einen Sender mit einem Notrufknopf. In einer Gefahrensituation alarmiert das Drücken des Knopfes die Angehörigen oder den Pflegedienst über die Gefahrensituation und den Standort des Senders. Die Systeme werden von Institutionen wie z. B. dem Deutschen Roten Kreuz, von den Johannitern oder von Pflegediensten angeboten und können über verschiedene Apps installiert werden.

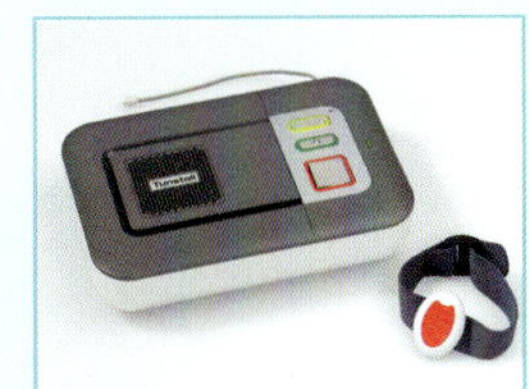

Neben der Sicherheit im eigenen Zuhause ist die Finanzierung dieser Hausnotrufe durch die Pflegekasse ein wesentlicher Grund für die wachsende Verbreitung.

Möglichkeiten für ein smartes Seniorenzuhause

	Smartes Gerät	Funktion	Vorteil	Nachteil
Sicherheit	Sturzdetektoren	Matten, die bei starker Erschütterung Signale senden	Schnelle Hilfe möglich	Fehlalarme, mangelnde Akzeptanz
	Sensoren an Türen	Alarmieren Angehörige wenn dementiell Erkrankte Wohnung verlassen	Personen lassen sich leichter finden	Überwachung kann problematisch sein
	Hausnotrufsysteme	Alarmieren Leitstelle	Schnelle Hilfe möglich	Fehlalarme
	Safe Wander	Alarmsocken, wenn Person aufsteht	Schnelle Hilfe möglich	Fehlalarme, Überwachung problematisch
	Automatische Herdabschaltung	Bei zu großer Hitze oder keiner Benutzung wird Herd abgeschaltet	Keine Brandgefahr	Fehlfunktionen
Arbeitserleichterung	Saug- und Wischroboter	Wohnung reinigen	Weniger Hilfe von außen nötig	Wohnung muss aufgeräumt sein und wenig Hindernisse haben
	Kühlschrank	Einkäufer kann aus der Ferne sehen, was fehlt	Gezielte Einkäufe, keine Lebensmittelverschwendung	Aufwendig und teuer, Kühlschrank darf nicht zu voll sein
	Kochassistenten	Unterstützen beim Kochen	Gedächtnisstütze, z.B auch bei Mengenangaben	Rezepte entsprechen nicht den Vorlieben und Gewohnheiten. Teilweise ungewohnte als kompliziert empfundene Bedienung
	Sprachassistent	Erinnerungen, z. B. Medikamentengabe, Unterhaltung	Einfache Bedienung	„Angst vor Überwachung"
	Heizung	Steuerung nach Temperaturabgleich	Nachhaltiges Heizen	
Gedächtnisstütze	Ortungs- und Lokalisierungssysteme	Gegenstände können geortet werden	Gezieltes Finden von Sachen	Gegenstände (Brille, Schlüssel) müssen mit Transponder ausgestattet sein – Kosten entstehen
Betreuung	Roboter	Können Fragen beantworten, unterhalten sowie Rätsel und Spiele machen	Benutzer haben einen Ansprechpartner	ersetzt keine menschliche Zuneigung

1. *Suchen Sie nach eigenen Ideen, um ein Seniorenzuhause noch sicherer ausstatten zu können.*
2. *Befragen Sie Senioren in einer Einrichtung oder in Ihrem Umfeld, was Sie sich für technische Möglichkeiten wünschen würden.*

Aladien ist ein buchbares Servicepaket der Evangelischen Heimstiftung, das in die Wohnung integriert werden kann. Es beinhaltet eine automatische Herdabschaltung, visuelle Türsignale, automatische Nachtlichter auf dem Weg zur Toilette oder Gesundheitsüberwachung in Form von Sturzerkennung durch im Boden verlegte Sensoren. Ein Tablet mit seniorenfreundlicher Bedienoberfläche eröffnet neue Kommunikations- und Informationskanäle. Videotelefonie mit Angehörigen wird damit ebenso selbstverständlich wie der einfache Zugang zu Informationen.

Durch den Einbau von Sensoren in Böden oder Wänden ist es möglich, Bewegungen im Raum aufzuzeichnen und weiterzugeben, z. B. an Angehörige, die sehen können wie sich der Pflegebedürftige verhält oder an einen angeschlossenen Pflegedienst.

Sturzdetektoren in Bodenmatten ermöglichen eine schnelle Hilfe bei einem Sturz. Lichtschranken an Türen können Nachrichten verschicken, wenn ein dementiell Erkrankter die Wohnung verlässt. Schnelle Hilfe ist besser gewährleistet.

Arbeitserleichterung

Saug- und Wischroboter

Staubsaugerroboter im Einsatz

Die kleinen wendigen Roboter fahren nach einem bestimmten Schema den gesamten Raum ab. Mithilfe von Lichtschranken und Sensoren erkennen sie die zu reinigende Oberfläche und den Verschmutzungsgrad. Durch die Sensoren umfahren sie Treppenkanten und Möbel. Die meisten Staubsaugerroboter arbeiten nach dem Parallelprinzip. Dies eignet sich für Räume, die nur wenige Hindernisse aufweisen.

Für Räume mit mehr Möbel und Wänden sind Geräte besser geeignet, die nach dem Zufallsprinzip arbeiten. Das scheinbar wahllose System ist effektiv. Kleine Gegenstände, die nicht umfahren werden können oder als Möbel erkannt werden, wie beispielsweise Kabel, dürfen nicht auf dem Boden liegen. Besonders flache Gegenstände könnten überfahren und damit beschädigt werden.

Saugroboter sind auf allen Oberflächen geeignet. Einige Saugroboter sind zusätzlich mit einer Wisch- oder Bürstenfunktion ausgestattet. Saugroboter enthalten einen Akku, der auf einer Basisstation geladen wird. Gesteuert werden sie über eine App auf dem Smartphone, direkt am Gerät oder über einen Sprachassistenten (siehe S. 40). Saugroboter sind vor allem für die Unterhaltsreinigung geeignet, nicht für eine Grundreinigung. Sie können, wenn kein Publikumsverkehr ist, lange Gänge abfahren oder tagsüber ihre Runden drehen. Kombinierte Geräte wie Saug- und Wischroboter sind zusätzlich mit einem Wasserbehälter und Wischtuch ausgestattet.

Smarter Kühlschrank

Vernetzter Kühlschrank

Der smarte Kühlschrank kann mehr als Kühlen. Er kann Einkäufe über ein Lebensmittelmanagement organisieren, indem er genau die vorhandenen Produkte und ihre Menge erfasst. Dazu kann er noch Rezeptvorschläge für Gerichte liefern, die mit dem Inhalt des Kühlschranks zuzubereiten sind.

Mithilfe einer Innenraumkamera macht er Fotos, die auf einem Endgerät erscheinen. Zudem wird die Temperatur überwacht. Gesteuert werden die Kühlschränke über Sprachassistenten oder andere Steuerungsgeräte.

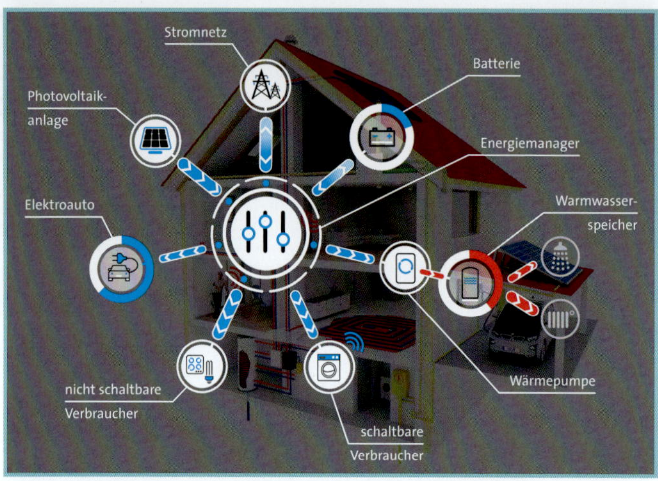

Energiemanagement zum Anschauen: Künftig werden alle Energieverbraucher mehr und mehr mit regenerativ erzeugtem Strom versorgt. Dabei wird es immer wichtiger, dass ein Energiemanager das variable Stromangebot den flexiblen Verbrauchern und deren Speicher abgestimmt (bdh-koeln).

In vernetzten Heizungssystemen wird die An- und Abwesenheitsdauer erfasst, die Einstellungen automatisch an Wetterdaten und Nutzung angepasst, ohne dass der Komfort eingeschränkt wird. Lernende Systeme passen sich den Gewohnheiten der Bewohner an. Das komplexe System der Wärmeerzeugung und -verteilung wird so für den Nutzer auf sehr einfache Angaben reduziert. Durch intelligente Steuerungen wird viel Energie eingespart, ein wichtiges Thema in Bezug auf Nachhaltigkeit. Bedient wird die Heizungssteuerung über externe Geräte.

8.5 Assistenzsysteme

AAL (engl.: Ambient Assisted Living) ist ein Orientierungs-, Unterstützungs- und Hilfsangebot für ältere Menschen. Es bietet Konzepte, Produkte, (elektronische) Systeme und Dienstleistungen, die neue Technologien in den Alltag von älteren Menschen bringen. Das alltägliche Leben älterer Menschen und Menschen mit Beeinträchtigungen kann situationsabhängig durch digitale vernetzte Systeme unterstützt werden. Einsatzgebiete für AAL sind in den Bereichen Sicherheit (z.B. automatische Herdabschaltung), Komfort (z.B. Raumtemperatursteuerung) und Unterhaltung (z.B. Musiksteuerung) zu finden. Auch hier ist das Ziel, dass ältere Menschen so lange wie möglich in ihrer gewohnten Umgebung selbstbestimmt wohnen können und weiterhin mobil bleiben.

AAL:

Ambient Assisted Living bietet ein Angebot zur Unterstützung. Im deutschen Sprachgebrauch lässt sich der Begriff am besten mit „Alltagstaugliche Assistenzlösungen für ein selbstbestimmtes Leben“ übersetzen.

Die Gruppe der Anwender solcher Technik ist sehr gemischt. Sie umfasst gesunde und aktive Ältere, die ihre Lebensqualität durch diese Technologien steigern wollen. Ein längeres selbstständiges Leben im häuslichen Umfeld kann dadurch ermöglicht werden. Durch die erweiterten Kommunikationsmöglichkeiten werden auch Pflegende, Ärzte und Angehörige mit einbezogen. Das erleichtert die soziale Interaktion.

Betreuung

Soziale Assistenzsysteme bauen auf technische Weise eine soziale Interaktion auf. Sie imitieren menschliche Reaktionen und Gefühle, interpretieren Gestik und Mimik und versuchen, sie selbst darzustellen.

Assistenzroboter können alle Anwendungen, die wenig selbstständiges Denken erfordern, wahrnehmen. Sie dienen oft zur Unterhaltung und können leichte Hilfestellungen geben. Beispielsweise Rätsel und Spiele anbieten und leichte Fragen beantworten. Sie verspüren keinen Zeitdruck und sind immer ansprechbar.

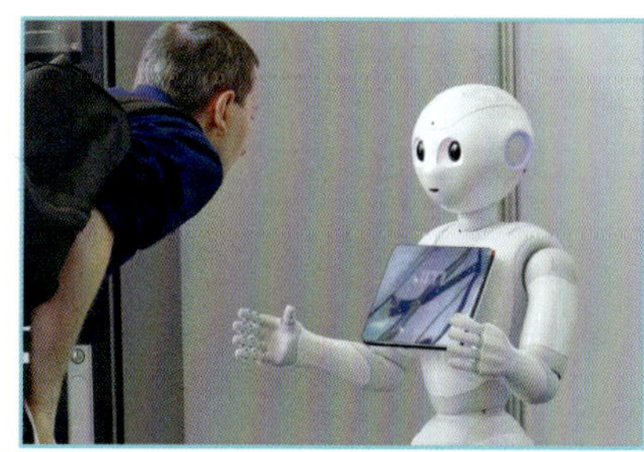

Assistenzroboter Pepper

Hierbei werden unterschiedliche Umsetzungswege gewählt. Bewusst menschlich wirkende Roboter sind wie Pepper oder bewusst funktional gehaltene Roboter wie Medisana temi oder Care-o-Bot, die über einen Bildschirm oder Sprachassistenten mit den Senioren kommunizieren. Die Roboter können gesteuert werden, um zu unterhalten, z. B. um zu singen oder vorzulesen. Die Roboter können aber auch leichte Hebe- und Tragetätigkeiten ausführen, z. B. Tabletts abtragen. Sie erfassen Gesundheitsdaten, wie Blutzucker- und Blutdruckwerte, die für die Pflege eine Rolle spielen. Die Assistenzroboter können zu Bewegungen animieren, oder an Trinken und Medikamentengabe erinnern. Auch wird eine Kommunikation mit Freunden und Angehörigen über integrierte Tablets oder Sprachassistenten erleichtert. Pepper hilft im Alltag und kann so Pflegekräften mehr Zeit für andere Aufgaben ermöglichen.

Künstliche Intelligenz

Seit der Erfindung und Forschung über Computer und deren Programmierung versuchen Wissenschaftler die menschliche Wahrnehmung und das menschliche Handeln durch Maschinen zu ersetzen. Das wird „künstliche Intelligenz“ genannt. Trotz Zusammenarbeit von Neurologie und Psychologie ist es schwer, einen menschlichen Verstand nachzuahmen. Ein Aufgabengebiet ist hierbei die Sprachverarbeitung. Einfache Befehle sind für Maschinen hoch komplexe Vorgänge.

Schwächen der KI

Künstliche Intelligenz ist in vielen Bereichen dem Menschen überlegen. Geht es aber um Gefühle, z. B. Einfühlungsvermögen, Kreativität, Anpassung und Spontaneität, hat künstliche Intelligenz keine Chance!

Assistenzroboter können mit Menschen sprechen, den Weg erklären, vorlesen und Witze erzählen. Durch Gesichtserkennung versuchen sie, das Alter und das Geschlecht zu schätzen. Bei der Anmeldung, z. B. in einer Arztpraxis, können sie persönliche Daten aufnehmen und abgleichen. Sie können Termine vereinbaren und Gespräche führen.

Künstliche Intelligenz wird sehr vielfältig eingesetzt: Arbeitserleichterungen durch Roboter in Produktionsanlagen der Automobilindustrie oder bei Operationen in der Medizin. Bekannteste Beispiele sind Spielecomputer wie Schachcomputer oder Mini-Roboter fürs Kinderzimmer.

Soziale Assistenzsysteme bauen auf technische Weise eine soziale Interaktion auf. Sie imitieren menschliche Reaktionen und Gefühle, interpretieren Gestik und Mimik und versuchen, ihr Gegenüber darzustellen.

So werden in der Pflege emotionale Roboter wie „Paro“ eingesetzt. Die kuschelige Robbe hat weiches Fell und reagiert auf Berührungen.

Vor allem Menschen mit Demenz entwickeln einen besonderen Zugang: Sie streicheln das Tier, reagieren auf Laute und Bewegungen, sind besser ansprechbar. Ein solcher Roboter kann ein zusätzliches Instrument für das Pflegepersonal sein. Ein Bewohner darf damit allerdings nicht allein gelassen werden, die Robbe ist nur für therapeutische Maßnahmen zu nutzen.

Paro kann eine medikamentfreie Alternative sein, um die Stimmung von Patienten zu verbessern, das Gefühl von Einsamkeit zu reduzieren und einen beruhigenden Einfluss haben.

Paro ist den Jungen der Sattelrobbe nachempfunden

Digitale Assistenztechnologien besitzen die Möglichkeit, eine drohende Versorgungslücke im Gesundheitssystem abzumildern und die Lebenssituation von alten Menschen zu verbessern. Jedoch werden Menschen, z. B. durch „Paro" – die Roboterrobbe, auch getäuscht. Vor allem in der Pflege von Menschen mit Demenz ist dies umstritten, weil die erkrankten Menschen nicht mehr zwischen „echt" und „unecht" unterscheiden können.

8.6 Datenschutz – der durchleuchtete Verbraucher

Der rechtliche Rahmen für Smarthome-Anwendungen wird durch die EU-Datenschutzgrundverordnung abgesteckt.

Gefährliche Situationen entstehen durch den falschen Umgang oder die falschen Einstellungen der Geräte.
Benutzer sollten sich vor dem ersten Bedienen das nötige Wissen aneignen, um die Geräte sicher zu bedienen.

Bisher wurde hauptsächlich das Verbraucherverhalten im Internet erfasst. Die Geräte aus dem „Internet der Dinge" ermöglichen eine viel genauere Datenerfassung über ihre Nutzer. Sie messen und melden viele Daten, z. B. den Puls, den Fahrstil, wie gut Zähne geputzt werden, Gesundheitsdaten und den Grundriss der Wohnung. Datenschützer sind beunruhigt, dass diese Daten ein Persönlichkeitsbild abgeben. Es können Rückschlüsse auf persönliche Vorlieben, Gewohnheiten, Krankheiten und Stimmungen gezogen werden. Das ist beispielsweise für Firmen interessant, weil sie so die Kunden und deren Bedürfnisse genauer kennenlernen. Neue Produkte, Werbemöglichkeiten und Partnerschaften mit anderen Unternehmen lassen sich so entwickeln. Aber auch Kriminelle könnten sich für Bewegungsprofile interessieren, um die optimale Gelegenheit für einen Einbruch herauszufinden.

Ebenso können Versicherungen und Arbeitgeber diese Daten nutzen, ohne dass der Verbraucher dies erfährt.
Das eigene WLAN-Netz muss daher gut verschlüsselt sein und mit einer Firewall (siehe S. 39) arbeiten. Bei den einzelnen Geräten sollte die Privatsphäre über die Einstellungen gesichert werden. Falls Dritte wie Handwerker Kenntnis von personenbezogenen Daten haben, sollte eine entsprechende Datenschutzerklärung vorliegen. Entscheidend ist allerdings das Bewusstsein des Nutzers für die Erforderlichkeit für Schutzmaßnahmen.

1. *Welche Möglichkeiten sehen Sie, die Personalknappheit im Gesundheitssystem mit sozialen Assistenzsystem aufzufangen?*
2. *Nennen Sie Nachteile der sozialen Assistenzsysteme.*
3. *Können Roboter die Betreuung und Gesundheitsversorgung unterstützen? Diskutieren Sie in der Klasse.*
4. *Recherchieren Sie verschiedene Notruf- Apps.*
5. *Wählen Sie aus den Assistenzsystemen „Safe-Wander-Alarmsocke" und „Paro-die Kuschelrobbe" ein Thema aus. Recherchieren und sammeln Sie Informationen dazu. Erstellen Sie ein Referat, in dem die Vor- und Nachteile aufgeführt werden.*
6. *Welche smarten Technologien nutzen Sie bereits? Beschreiben Sie Vorteile- und Nachteile.*
7. *Diskutieren Sie die Sorge einiger Verbraucher, dass Gerätehersteller die Gespräche zu Hause aufnehmen und die Information zu Werbezwecken nutzen oder verkaufen können.*

Digitalisierung in hauswirtschaftlichen Betrieben

9

Die Nutzung von digitalen Anwendungen in hauswirtschaftlichen Betrieben bedeutet Bedienung aus der Ferne mit einer Steuerung (Tablet, Smartphone, Computer), das Auslesen von Daten mithilfe einer Schnittstelle und beispielsweise Überwachung von Füllständen durch Sensoren.

Ferngesteuerte Reinigungsgeräte, die Verbindung eines Küchengerätes mit einer Cloud oder die Vernetzung von verschiedenen Geräten untereinander, gechipte Textilien und selbstfahrende Geräte sind nur einige Möglichkeiten, die zukünftig eine immer größere Rolle in hauswirtschaftlichen Betrieben spielen.

9.1 Digitale Küche – Smartkitchen

Küchengeräte können mit der Unterstützung digitaler Technologien gesteuert, ausgelesen oder überwacht werden.

Fast alle neuen Geräte beinhalten digitale Komponenten, die es ermöglichen, Rezepte abzurufen, Kühltemperaturen zu dokumentieren und Dosierungen von Reinigungsmittel bei der Spülmaschine aus der Ferne abzulesen.

Digitalisierung in der Hauswirtschaft:

Einsatz und Vernetzung digitaler Medien in der Hauswirtschaft, z. B. Online-Bestellungen, digitale Kontrolle bei Transport und Lieferung von Waren, Steuerung von Geräten mit Tablet oder Smartphone, digitale Steuerung und Kontrolle in der Gebäudereinigung (u. a. Maschineneinsatz, Dosieranlagen, Arbeitsprozesse, Zeitmanagement).

Kochassistenzsysteme

Hersteller von Küchengeräten bieten Assistenzsysteme, die die Nahrungszubereitung erleichtern und den Benutzer unterstützen. Daten können wie Rezepte in einer Cloud (siehe S. 6) gespeichert sein und dann über ein Netz verfügbar oder über ein Speichermedium (siehe S. 4) direkt am Gerät angebracht sein.

Multifunktionsküchenmaschine im Privathaushalt

Mit Kochassistenzen entstehen durch genaue Optimierung der Mengen weniger Lebensmittelabfälle und es wird energieoptimiert zubereitet. Zudem ist von Vorteil, dass keine Überwachung durch Personen nötig ist. Die Geräte melden sich, wenn z. B. das Fleisch gewendet werden muss.

Temperatur, Wasserzugabe, Dampf werden geregelt und erleichtern das Zubereiten von Gerichten.

Sowohl im Privathaushalt als auch in Großküchen gibt es einige Hersteller, die Gar-/Koch- und Backgeräte anbieten, die sowohl vernetzt sind als auch eine Assistenzfunktion haben.

Gesteuert werden die Geräte über ein mobiles Endgerät oder direkt über einen Bildschirm am Gerät.

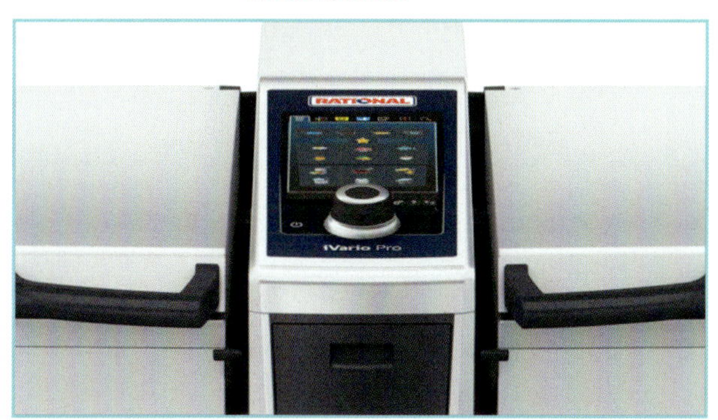

Multifunktionsküchenmaschine im Großhaushalt

Der Digitalisierung in Küchengeräten sind kaum Grenzen gesetzt.

Die automatisierten Prozesse in den Geräten und im Netzwerk sparen wichtige Ressourcen wie Energie, Wasser und Zeit. Eine höhere Produktqualität wird erreicht, da nach Standards zubereitet wird.

Es besteht die Möglichkeit, z. B. den Combi-Dämpfer aus der Ferne zu überwachen und zu steuern, die Kaffeemaschine aus der Ferne anzuschalten, Temperaturen von Kühlgeräten abzulesen, den Backofen zu steuern und Temperaturen zu speichern sowie Reinigungsprozesse zu starten und somit auch eine Hygienedokumentation zu erhalten.

Wichtige Daten zur Qualitätssicherung können verwaltet, dokumentiert und gespeichert werden. Auch die vollautomatische Verwaltung z. B. der HACCP-Daten ist möglich. Hinzu kommen Funktionen wie Warnsysteme und Servicehinweise per Tablet.

Kochassistenzsysteme ermöglichen mehr Überblick, größere Effizienz und niedrigere Kosten.

Die Vernetzung der Spülmaschine ermöglicht dem Anwender, alle wichtigen Maschinenfunktionen und Daten per App zu überwachen.
Sobald eine Maschine einen kritischen Fehler meldet, erhält die zuständige Person eine Push-Nachricht auf das Smartphone oder Tablet. Dadurch können Anwender auf Störungen schnell reagieren und so ihre Betriebssicherheit erhöhen. Meldungen wie „Reiniger geht zu Ende“ oder „Wartung steht an“ erleichtern die tägliche Arbeit. Die App gibt Handlungsempfehlungen zur richtigen und wirtschaftlichen Bedienung der Spülmaschine. Alle Daten werden in einem Spülmaschinen-Logbuch dokumentiert. Damit kann die Einhaltung aller spülmaschinenrelevanten Hygiene-Standards nach HACCP lückenlos nachgewiesen werden.

Vernetztes Spülsystem

1. *Recherchieren Sie nach Geräten, die für die Bedürfnisse in Ihrem Ausbildungsbetrieb passen.*
2. *Welche intelligenten und oder vernetzen Geräte im Bereich der Küche kennen Sie?*

9.2 Vernetzte Reinigungsverfahren – Smart Cleaning

Digitale und vernetzte Geräte und Maschinen gibt es auch im Reinigungsbereich: Roboter, die Fensterflächen reinigen, digitale Reinigungswagen, Saug-/ Wisch- und Desinfektionsroboter. Je nach Einsatz und Hersteller werden sie über unterschiedliche Verbindungen (WLAN, GPS, usw.) gesteuert.

Fensterreinigungsroboter erleichtern das Reinigen großer Fensterflächen

Digitaler Reinigungswagen

Mithilfe von IoT – (siehe „Internet of Things", S. 39) Sensoren wird die tatsächliche Reinigungsintensität und Reinigungsart von jedem Raum ermittelt.

Sensoren erkennen die Verschmutzung und den Bodenbelag. Eine darauf ausgerichtete Software wählt das entsprechende Reinigungsmittel und dosiert es. Auch das Reinigungsverfahren (Nass- oder Trockenreinigung) wird festgelegt.

Aufgrund der digitalen Daten kann für die Reinigungskräfte ein täglich aktualisierter Reinigungsplan erstellt werden, welcher rechtliche und bestimmte Anforderungen und Methoden berücksichtigt. Die Reinigungspläne werden mit allen Leistungsverzeichnissen auf einem Tablet dargestellt. Gereinigte Bereiche werden dokumentiert und die Daten zur Optimierung der Betriebsabläufe und für das Qualitätsmanagement genutzt.

Die Gebäudereinigung lässt sich durch diese digitalen Produkte optimieren. Täglich wird die tatsächlich notwendige Reinigungsintensität errechnet. Möglich wird dadurch auch, wenig oder gar nicht genutzte Flächen bei der täglichen Reinigungseinsatzplanung zu erkennen und zu berücksichtigen. Dies spart sowohl technische Arbeitsmittel als auch Personal.

Eine Plattform für digitale Reinigungs-Einsatzplanung kann Reinigungskräften zeigen, was wann und wo zu reinigen ist.
Die gewünschten Reinigungsintervalle sind einzugeben.

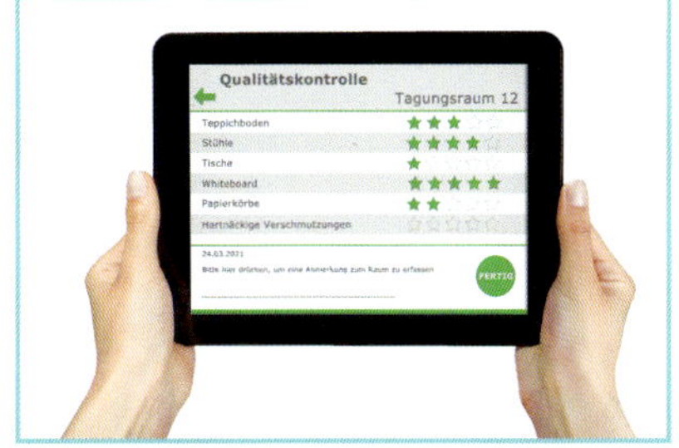

Digitale Anzeige zur Reinigung eines Tagungsraumes

Sensoren können den Füllstand von Seifenspender oder Handtuchspender überwachen und das notwendige Nachfüllen veranlassen (anzeigen).

Reinigungs- und Desinfektionsroboter

Reinigungs- und Desinfektionsroboter sind selbstständige Reinigungsmaschinen für die Boden-Nassreinigung, die mithilfe eines Endgerätes gesteuert werden.

Große Flächen, wie z. B. Messe- und Empfangshallen sowie Flure können mit Unterstützung der Roboter gereinigt werden. Es sollte kein Publikumsverkehr da sein, um die Roboter ungehindert arbeiten lassen zu können. Der Einsatz der Geräte ist vor allem in Bereichen sinnvoll, die nicht 24 Stunden am Tag belebt sind.

Reinigungsroboter, die selbstständig große Flächen reinigen

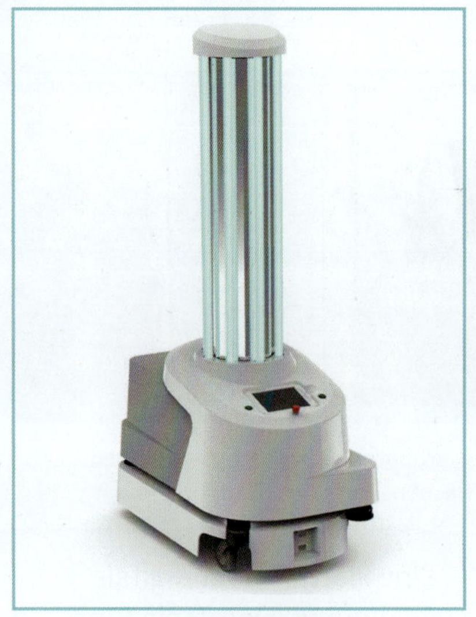
Der UVD-Roboter fährt autonom und eliminiert Keime in Krankenhäusern.

Desinfektionsroboter sind autonome Spezialroboter, die die Desinfektion in Kliniken, Arztpraxen, Senioreneinrichtungen und Krankenhäuser übernehmen. Erweitert werden kann der Einsatz in Hotel und Gastronomie, Bauwesen und Landwirtschaft. Die Desinfektion erfolgt mittels UV-Strahlung oder Sprühdesinfektion. Die schädlichen Erreger werden sowohl auf Oberflächen als auch in der Luft abgetötet.
Die Raumflächen werden gespeichert, d.h. der Roboter übersieht keine Fläche. Bei neu hinzukommenden Gegenständen muss die Speicherung aktualisiert werden. Die Geräte erreichen auch schwer zugängliche Stellen und können somit eine gleichbleibende Desinfektion gewährleisten. Zudem schreiben die Roboter ein Protokoll, welches als Dokumentation im Qualitätsmanagement gilt.

Neben ferngesteuerten Reinigungsgeräten im „Internet of Things", gibt es Reinigungsmaschinen, die von GPS überwacht und gesteuert werden.

GPS = Global Positioning System (globales Positionsbestimmungssystem) ist ein weltweites Navigationssatellitensystem zur Positionsbestimmung.

GPS-gesteuerte Reinigungsmaschinen
In der Gebäudereinigung erhält man durch GPS und Mobilfunk Informationen, wo und wie lange Reinigungsmaschinen eingesetzt werden, für welches Gerät ein Service ansteht oder über den Akkufüllstand. Durch das Optimieren der Daten, die erfasst werden, können Maschinenauslastungen erhöht und unnötige Standzeiten vermieden werden.

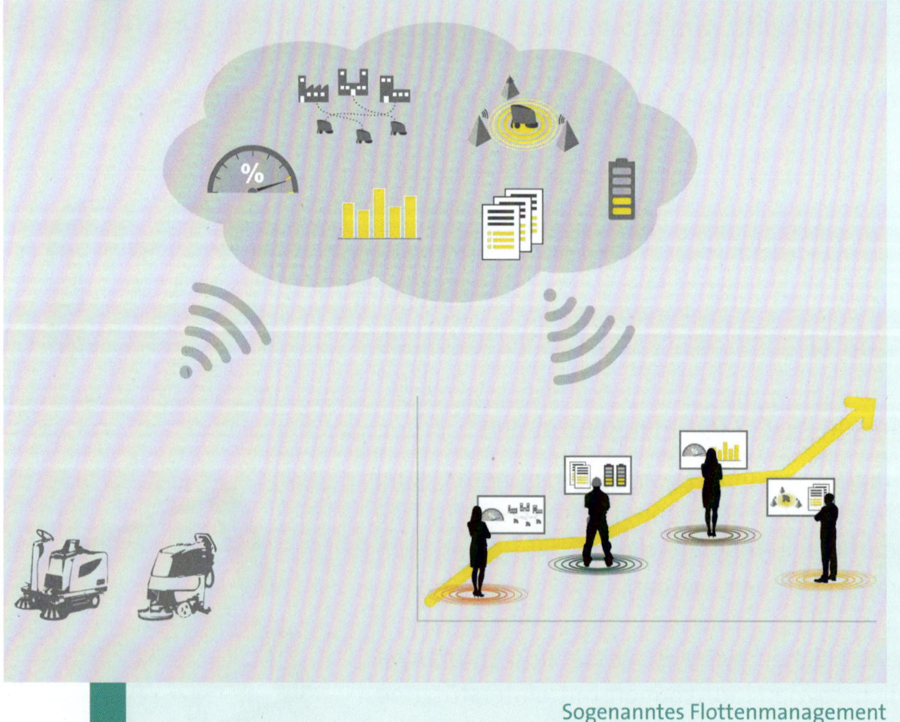

Sogenanntes Flottenmanagement

Durch GPS ist es möglich, Menschen, die ein entsprechendes Gerät bei sich tragen, permanent zu überwachen. Eine Dauerüberwachung ist jedoch gesetzlich unzulässig. Dies regelt in Deutschland das Bundesdatenschutzgesetz. Für Mitarbeiter könnte es Auswirkungen haben, sollten sie durch ein GPS-System überwacht werden.

Smart cleaning mit erweiterter Realität

Augmented Reality ist der englische Begriff für erweiterte Realität. Darunter wird die Erweiterung der Realitätswahrnehmung verstanden. Es ist die visuelle Darstellung von Informationen. Bilder und Videos werden damit ergänzt und mit eingeblendeten computergenerierten Zusatzinformationen oder virtuellen Objekten überlagert.

Bei Fußball-Übertragungen ist die erweiterte Realität zum Beispiel das Einblenden von Entfernungen bei Freistößen durch die Darstellung eines Kreises oder einer Linie.
Ein weiteres Beispiel für die Umsetzung im Alltag ist das beliebte Spiel „Pokemon Go", bei dem auf einem Smartphone künstliche Figuren in der realen Umgebung zu sehen sind.

In der Reinigung kann die Technologie ebenfalls einen Nutzen haben:

Basierend auf dem Internet of Things (siehe S. 38) und der virtuellen Realität (siehe S. 54) kann mit Datenbrillen angezeigt werden, welche Arbeiten, wo gerade fällig sind. Kombiniert wird die virtuelle Realität mit einer weiteren Ebene.

Die Reihenfolge der Aufgaben wird angezeigt. Durch die messtechnische Erfassung der durchgeführten Arbeiten erfolgt zudem eine direkte Kontrolle und Dokumentation. Zusätzlich kann geprüft werden, ob fachgerecht gereinigt wurde, z. B. ob alle Flächen berührt wurden.

Die Reinigung mit augmented Reality erfordert sehr viel technische Ausstattung und ist in der Praxis „noch" nicht vertreten.

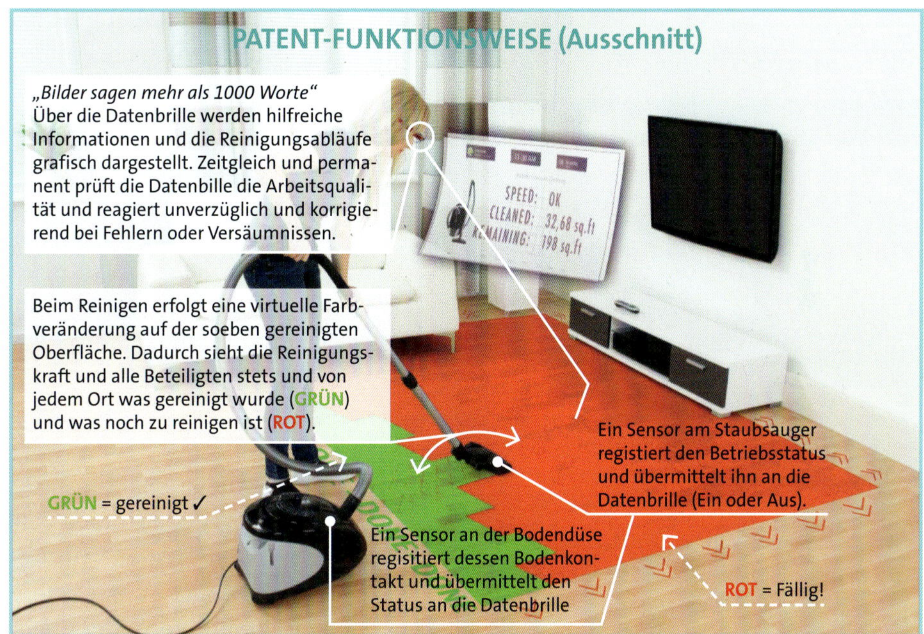

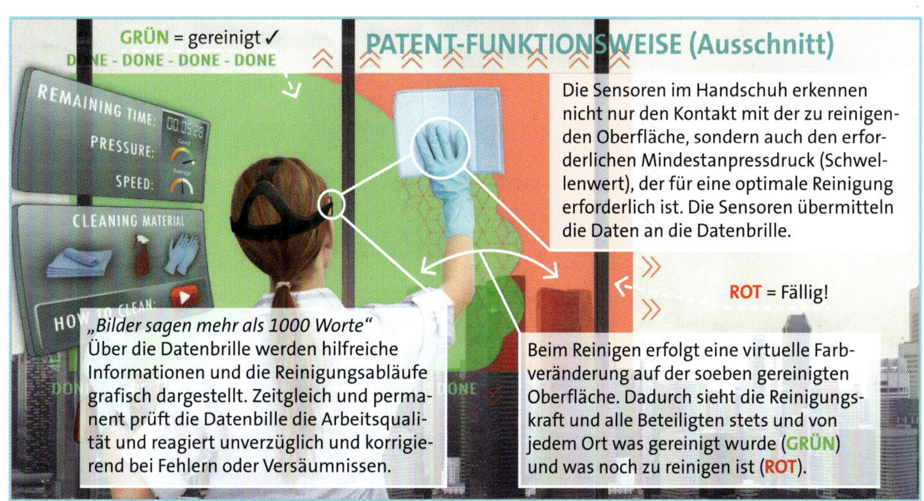

Beispiele einer erweiterten Realität im Bereich der Reinigung

1. *Suchen Sie weitere Einsatzmöglichkeiten von GPS in Ihrem beruflichen Alltag.*
2. *Welche Reinigungsmaschinen kommen bei Ihnen im Betrieb zum Einsatz?*
3. *In welchem Bereich könnten Sie Maschinen und Roboter einsetzen?*

9.3 Virtuelle Realität

Darstellung in 2-D Grundriss eines Wohnhauses

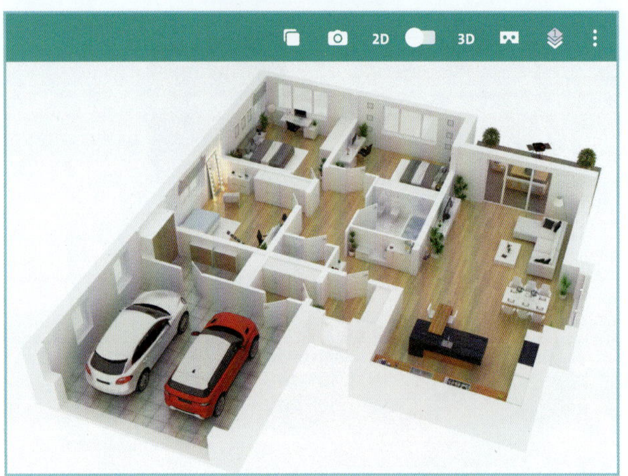

Darstellung in 3-D Grundriss eines Wohnhauses

0 Dimension	Ein einziger Punkt
1-D Eindimensionalität	Strecke von einem Punkt weg
2-D Zweidimensionalität	Eine Ebene, z. B. ein Bild
3-D Dreidimensionalität	Räumliche Struktur, z. B. Würfel
4-D- Vierdimensionalität	Erweiterung der 3-Welt durch weitere Komponente (Bewegung, Luftstrom, Geruch)

0 1 2 3 4

Mit einem Smartphone kann man virtuelle Realität selbst erleben: Es gibt einige Apps und mit entsprechender Brille lassen sich die geplanten Räume virtuell erleben.

In der virtuellen Realität (VR) wird die reale Welt vollständig ausgeblendet, um in die virtuelle Umgebung abtauchen zu können. Bei der augmented Reality (erweiterten Realität) bleibt die Realität weitgehend erhalten, sie wird nur durch virtuelle Elemente ergänzt.

Was ist virtuelle Realität?

Der Begriff „virtuell" (franz. für scheinbar vorhanden) wurde ursprünglich in der Geometrie und der Physik benutzt. Informatiker benutzen heute den Begriff „virtuelle Realität" für eine am Computer erzeugte Umgebung, in der man sich in Echtzeit bewegen und interagieren kann. Alle menschlichen Sinne sollen so real wie möglich angesprochen werden, bis man im Idealfall die virtuelle Welt nicht mehr von der echten unterscheiden kann.

Technische Hilfsmittel, um in komplexere virtuelle Welten zu gelangen, sind zum Beispiel VR-Brillen, Handschuhe, Helme und Lautsprecher.

Viele dieser Möglichkeiten befinden sich heute noch im Forschungs- und Anfangsstadium. Das Leben wird sich in Zukunft verstärkt in virtuellen Räumen abspielen.

Wie lässt sich das Smarthome und die Smartkitchen der Zukunft planen?

Virtuelle Realität in der Haus- oder auch Küchenplanung bedeutet, dass alle Räume und die Einrichtung wie ein realer Raum wahrgenommen werden. Planer wie auch die späteren Benutzer können wichtige Punkte wie Bodenbeläge, Fenster und Küchenmöbel anhand der 3-D-Visualisierung prüfen. Stimmen die Lichtverhältnisse, die Raumaufteilungen und auch die Einrichtung, z. B. die Küchengeräte? Planungsfehler können so behoben werden. Nicht nur die Aspekte, die man sehen kann, können mithilfe von entsprechenden VR-Brillen gesehen werden, sondern in Zukunft sollen auch Haptik (Tasten) und Akustik (Hören) eine Rolle spielen.

Bei einer Planung einer Küche kann mittels VR auch die Ergonomie simuliert und damit überprüft werden.

In der Hauswirtschaft ist dies besonders interessant im Hinblick auf den Arbeitsschutz. Wie laut ist das Geräusch der Waschmaschine oder welcher Lautstärkepegel herrscht in der Küche, wenn alle Geräte in Betrieb sind? Wie breit sind die Laufwege und wo kann es zu Sturzgefahren kommen?

Suchen Sie nach Möglichkeiten, in welchen Bereichen der Hauswirtschaft virtuell gearbeitet werden könnte.

9.4 Textilmanagement

Digitale Systeme sind auch im Textilbereich der Hauswirtschaft zu finden: in der Kennzeichnung von Textilien sowie in Waschmaschinen und digitalen Schnittstellen für den Datenaustausch.

Gechipte Textilien erleichtern die Sortierung der Wäsche.

Smarte Waschmaschinen lassen sich über eine Funkverbindung mit dem Smartphone koppeln oder in das heimische WLAN einklinken. Einstellungen wie Schleuderdrehzahlen, Anzahl der Spülgänge, Temperatureinstellungen oder das Programmende lassen sich damit überwachen und steuern. Ein Programmstart ist wählbar und die verbleibende Laufzeit ist einsehbar. Man kann einen Überblick über häufig verwendete Waschprogramme sowie über die Effizienz der gewählten Programme bekommen. Das Waschverhalten lässt sich dank der gezeigten Statistiken verbessern.

Die Dokumentation der waschmaschinenrelevanten Hygienestandards spielt im Qualitätsmanagement eine wichtige Rolle.

So lassen sich Betriebsabläufe optimieren:

- An Waschmaschinen die Nutzungsdaten anhand der Schnittstellen auslesen und daraus Rückschlüsse ziehen für den bestmöglichen Einsatz
- Dosierung und Waschprogramm mithilfe der Daten an die Anforderungen der Betriebe anpassen

Die Maschinen melden selbst, wenn ein Bauteil, z. B. eine Pumpe oder der Waschmaschinenmotor verschlissen ist. Somit ist die Wartung oder ein Austausch möglich, bevor die Maschine kaputt geht.

Symbol für ein radiomagnetisches Feld

RFID Textilidentifikation

RFID ist die englische Abkürzung für "radio-frequency identification", d. h. Identifizierung durch den Einsatz elektromagnetischer Wellen. Es bezeichnet eine Technologie für Sender- Empfänger- Systeme zum automatischen und berührungslosen Identifizieren und Lokalisieren von Objekten und Lebewesen.

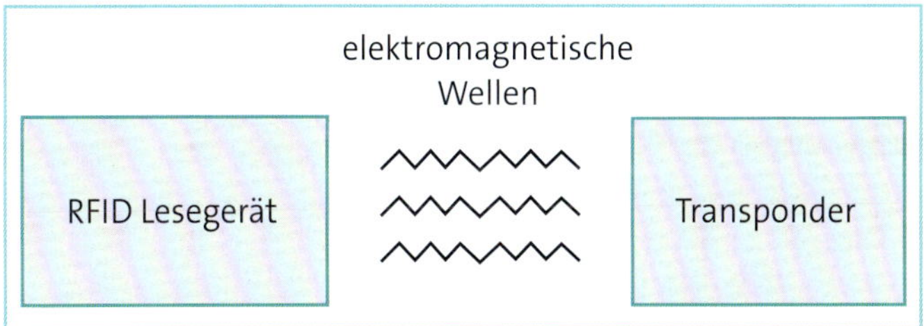

Das Gesamtsystem besteht aus dem Transponder, der drahtlosen Schnittstelle und Basisstation zur Identifikation (RFID Lesegerät)

RFID-Transponder können Auskunft über artikelspezifische Daten geben wie z.B. Farbe, Größe, Waschtemperatur, Anzahl der bisherigen Wäschen, Kaufdatum.

Im Wäschemanagement unterstützt die RFID- Technologie die Organisation und Verwaltung der Wäschestücke. Neben der Lokalisation des Textils kann sie Lebensdauer, Wäschezyklus und Angaben zum Besitzer enthalten. Es spielt somit auch eine wichtige Rolle im Qualitätsmanagement.

Die RFID-Transponder wird in das Markenlabel, in das Pflegeetikett oder nachträglich auf das Textil aufgebracht, z. B. in Bewohnerwäsche oder Arbeitskleidung..

RFID

RFID-Tag im Etikett von Textilien

In Krankenhäuser und Senioreneinrichtungen erhöht der Einsatz von RFID- Textilidentifikation die Arbeitseffektivität. Dem Personal in der Wäscherei wird die körperliche Arbeit erleichtert und die kontaktfreie Identifikation sorgt für bessere Hygienestandards. Die Umlaufmenge wird reduziert und die persönliche Sortierung der Wäsche wird vereinfacht und beschleunigt.

Die Technologie der RFID-Transponder findet z. B. auch im Personalausweis in Deutschland Anwendung

9.5 Projektmanagement durch Arbeitsorganisation

Um Abläufe, Pläne und Checklisten zu verwalten, gibt es verschiedene Apps. Der Nutzer behält den Überblick über komplizierte Zusammenhänge. Gemeinsame Nutzer können gemeinsame Nutzeroberflächen benutzen, Listen zusammenführen und Arbeitsteams erstellen.

> Trello ist ein Beispiel für eine Projektmanagementsoftware. Aufgaben können in Listen verwaltet werden. Sie können beliebig bearbeitet und mit Checklisten, Anhängen, Terminen und Vielem mehr versehen werden.

Freemiumsystem:

Solche Apps werden häufig als Freemiumsystem, d. h. kostenlos angeboten. Freemium ist ein Kunstwort, bestehend aus free (gratis) und premium. Grundfunktionen der Software können kostenlos genutzt werden. Werden Extrafunktionen benötigt, müssen diese kostenpflichtig freigeschaltet werden.

Um Arbeits- und Dienstpläne zu erstellen, Checklisten in der Reinigung zu führen und im Team zusammen zu arbeiten, gibt es einige hilfreiche Anwendungen. Im Qualitätsmanagement erleichtern die Anwendungen die Dokumentation, z. B. werden Reinigungsintervalle gespeichert und die Mitarbeiter können sehen, was als Nächstes ansteht.

> Im Lebensmittelbereich können Lebensmittel direkt mithilfe des Barcodes gescannt und im Lager geführt werden. Die Lebensmittel werden übersichtlich in Lebensmittelgruppen angezeigt. Der Lagerort kann zugeordnet werden, so dass sie im Lager leicht zu finden sind.

> In der Zimmerreinigung in Hotels gibt es einige Softwareanwendungen, um die einzelnen Arbeitsschritte (z. B. Betten machen, Staubsaugen, Desinfizieren, Sanitärreinigung usw.) zu dokumentieren und zu standardisieren.

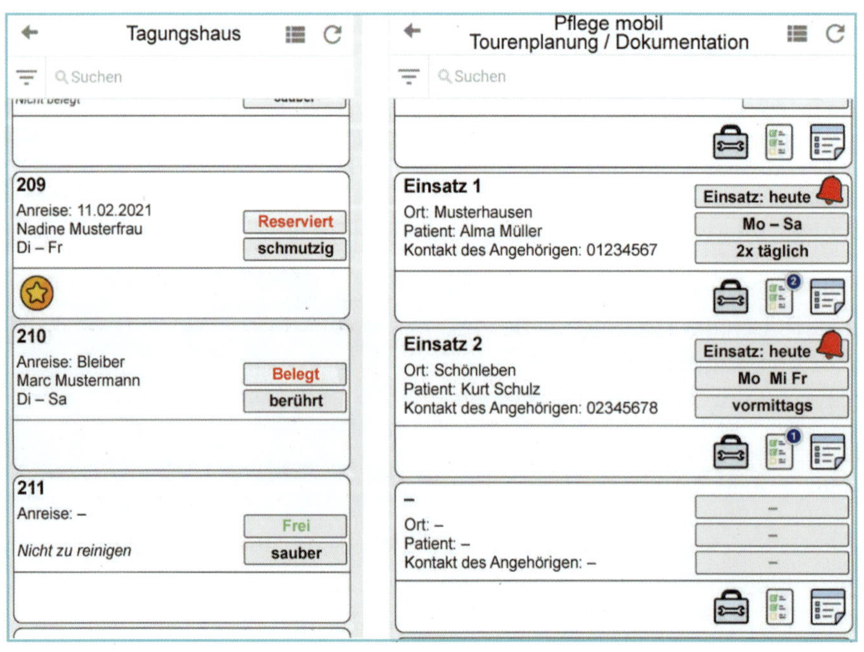

Ambulante Pflegebesuche und hauswirtschaftliche Dienstleistungen können mithilfe einer vernetzten Tourenplanung und Leistungserfassung (vTL) in Echtzeit gesteuert werden. Auch lassen sich die Leistungen direkt digital dokumentieren (mobile Leistungserfassung).

Die Tourenplanung erfolgt mit einer Software, die u. a. die Fahrzeit und die Auslastung der Mitarbeiter optimiert. Verbesserungen in der Arbeitsorganisation sind somit möglich, in dem die Tourenpläne vom Büro aus direkt auf die Smartphones oder Tablets der Mitarbeiter übertragen werden.

Rezeptdatenbanken

Die klassische Variante einer Rezeptsammlung stellt ein Kochbuch dar. Durch die Digitalisierung erhält dieses eine höhere Flexibilität und wird zu einer Rezeptdatenbank. Diese kann viele Vorteile bieten:

- Archivierung
- Gute Auffindbarkeit
- Rezepte nach dem Einsatz von Küchengeräten sortiert
- Nährwertangaben
- Tagesbedarfsrechnungen
- Portionsrechnungen
- Variationsmöglichkeiten
- Einkaufszettel generierbar
- Food-Fotografie
- Kochvideos und Erklärvideos integrierbar
- Anzuschließende smarte Kühlgeräte
- Exportmöglichkeiten als Dateianhang oder für eine App
- Erweiterbarkeit durch eigene Rezepte

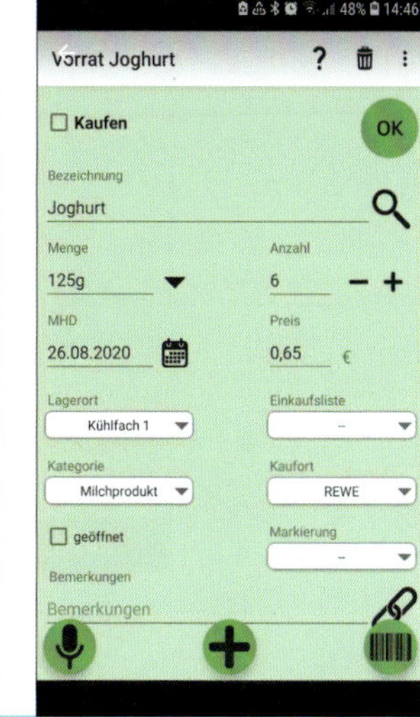

Vorrat-, Lager- und Einkaufslisten-Manager

So lassen sich schnell und digital Speisepläne erstellen und Aktionswochen planen.

Wenn nicht alle verfügbaren Rezepte angezeigt werden sollen, kann die Suche eingegrenzt werden:
- Eine Rezeptart wählen (z. B. Dessert)
- Eine oder mehrerer bestimmte Zutaten aus der Zutatenliste wählen (z. B. Kürbis)
- Eingabe der Gartechnik (z. B. dünsten)

Nährwert-Apps

Nährwertberechnungen, Ernährungsprotokoll und Energiebedarfe und deren Berechnungen sind umfangreich. Die Ergebnisse darzustellen, ist kompliziert. Für die private Nutzung eignet sich Software in Form von Apps dafür, die komplexen Sachverhalte anschaulich und verständlich zu erläutern und ein Ergebnis daraus abzuleiten.

Mithilfe von verschiedenen Nährwert-Apps ist es möglich, die tägliche Verzehrmenge der Lebensmittel einzugeben. Der persönliche Energiebedarf wird durch die eingegebenen Daten ermittelt. So entsteht ein einfacher Soll/- Ist- Vergleich der Nahrungsenergie.

Beispiel Nährwertapp

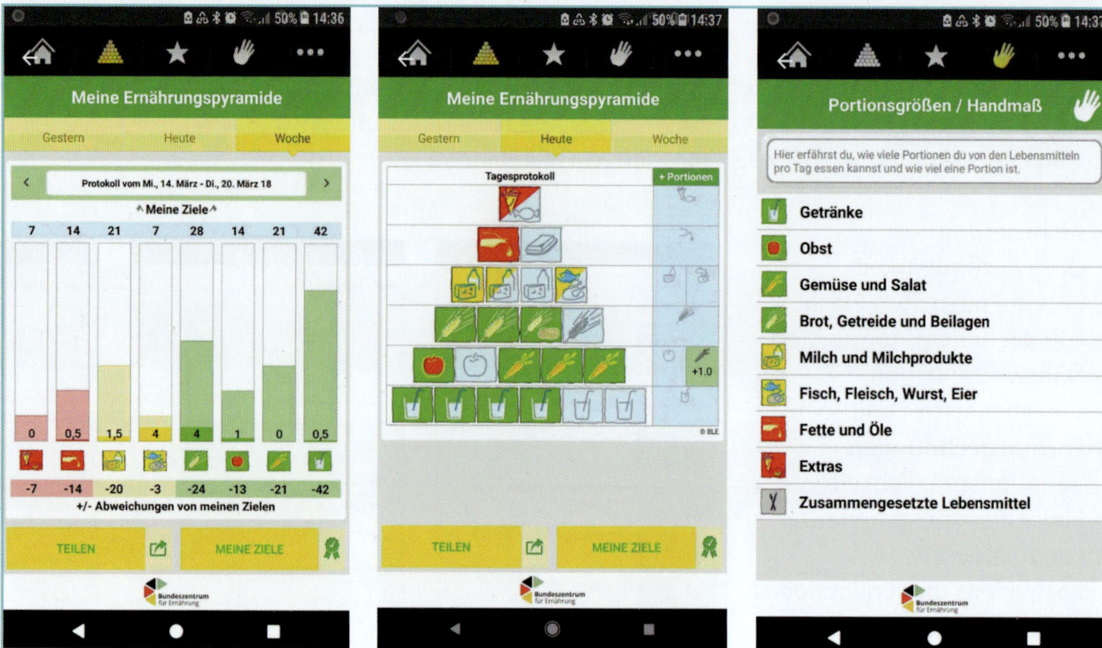

Ernährungspyramide in einer App dargestellt

Zum professionellen Einsatz im Rahmen der Gemeinschaftsverpflegung sind diese Apps zu wenig umfangreich. Diese Nutzerapps können bei der Protokollierung der Ernährung im privaten Bereich unterstützen.

Für den Bereich der Gemeinschaftsverpflegung werden verschiedene Lösungen angeboten. Diese umfassen z. B. Kassen- und Zahlungssysteme für Kantinen, Warenwirtschaftssysteme, digitale Speisenanzeigen, Mittagstisch Apps und Apps für das Qualitätsmanagement.

Die „Mittagstisch“ App ist eine vollumfängliche App für die Gemeinschaftsgastronomie, die Informationen über z. B. die Speisepläne und Bonusaktionen liefert und außerdem Kommunikation in Form von z. B. Reservierungen und Feedback ermöglicht.

Für das Qualitätsmanagement bieten sich mobile Lösungen an, u. a. die Möglichkeit, Checks und Befragungen via Tablet zu erstellen und durchzuführen. Auch die Auswertungen können auf diese Weise vorgenommen werden.

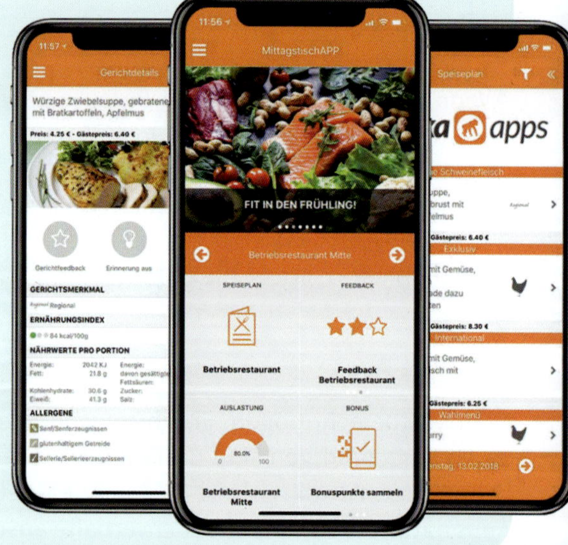

Für die Planung von Aktivitäten zur Gesundheitsförderung bilden Mitarbeiterbefragungen eine wichtige Informationsgrundlage.

So lässt sich die Teilnehmerquote an einer Befragung erhöhen:
- Suchen Sie Sponsoren von Fitnesstrackern oder Kochbüchern.
- Verlosen Sie diese an die befragten Mitarbeiter.

1. *Suchen Sie für ein Projekt in der Berufsschule eine passende App, die alle Teilnehmer aus Ihrer Projektgruppe nutzen können.*
2. *Stellen Sie die Vor- und Nachteile der App Ihren Mitschülern vor.*
3. *Recherchieren Sie, welche Apps es zur professionellen Nährwertberechnung und Speisenplanung gibt.*
4. *Führen Sie mögliche Gefahren des Datenmissbrauchs auf.*
5. *Entwickeln Sie einen Fragebogen zum Ist-Zustand der Betriebsverpflegung in einer Ihnen zugänglichen Kantine. Sammeln Sie Anregungen und Wünsche, aber auch Mängel und Kritik.*

9.6 Vor- und Nachteile der Digitalisierung im Privathaushalt und in hauswirtschaftlichen Betrieben

Gemeinsame Vorteile vernetzter digitaler Geräte in hauswirtschaftlichen Betrieben und Privathaushalten:
- Ressourcen werden eingespart und damit ein wichtiger Beitrag zum Klimaschutz geleistet.
- Energie kann optimal genutzt werden. Hauptlastzeiten werden sichtbar und Stromverbraucher können entsprechend programmiert werden, um eine ausgeglichene Stromabnahme zu erreichen – dies ist vor allem bei regenerativer Energieerzeugung wichtig.
- Strom- und Wasserverbrauch werden analysiert und können somit optimiert werden.
- Kälte- und Wärmeregulierung wird optimal auf Bewohner angepasst.
- Arbeitszeiten können eingespart und gezielt an anderer Stelle eingesetzt werden.
- Durch standardisierte Prozesse werden, z. B. Lebensmittel eingespart, wenn nach genauer Vorgabe gekocht wird und Bestellmengen darauf abgestimmt berechnet werden. Keine Lebensmittelverschwendung.

Gemeinsame Nachteile vernetzter digitaler Geräte in hauswirtschaftlichen Betrieben und Privathaushalten:

- Schlechtes „Netz", meistens WLAN
- Datensicherheit ist nicht immer gewährleistet, Überprüfung muss erfolgen
- Fehlende Kompatibilität der Geräte unterschiedlicher Hersteller
- Technische Hürden – Störanfälligkeit der Geräte
- Erforderliche Einarbeitungszeit
- Ständige Aktualisierung von digitalen Prozessen
- Notwendige Pflege der Updates
- Reibungsverluste durch technische Störungen

Alleinstellungsmerkmale im hauswirtschaftlichen Betrieb:
- Digitale Dokumentation wichtig für Qualitätsmanagement
- Selbstständig fahrende Maschinen ermöglichen 24 Stunden Einsatz
- Optimale Ausnutzung von Ressourcen möglich
- Höherqualifizierung der Mitarbeiter

Schnelle und zuverlässige Prozesse, Kostenersparnis, gute Übersicht und gezielte Planung sind die Argumente, die für die Digitalisierung sprechen. Die durch die Digitalisierung frei gewordene Zeit kann für die Betreuung von Menschen gut genutzt werden.

Fachkräfte der Hauswirtschaft sind gefordert, die Digitalisierung in ihre Arbeitsprozesse in den Betrieben zu integrieren und zu leben. Eine zusätzliche Herausforderung, die nach genügender Einarbeitungszeit und trotz permanent notwendiger Fortbildungsmaßnahmen am Ende zu mehr Zeit für die Arbeit mit den zu betreuenden und zu versorgenden Menschen führen kann. Es bleibt weiterhin die Arbeit mit KOPF, HERZ und HAND:)

In hauswirtschaftlichen Betrieben kann durch digitalisierte Prozesse Zeit für andere Aufgaben gewonnen werden. Beispiele:
- Weiterhin eröffnet sich für Fachkräfte in der Hauswirtschaft die Chance, sich mit Technologien und Verfahren wie AAL (Ambient Assisted Living, siehe S. 46), DMS (Dokumentenmanagementsystem, siehe S. 10) oder vTL (vernetzte Tourenplanung und Leistungserfassung, siehe S. 56) zu befassen.
- Roboter schreiben Protokolle zur Dokumentation im Qualitätsmanagement.
- Smarte vernetzte Geräte erzeugen Checklisten für Hygiene und Reinigung.
- Erleichterung in der Archivierung von Dokumenten und in der Buchhaltung.

1. *Diskutieren Sie in der Klasse Vor- und Nachteile digital arbeitender Maschinen und Geräte.*
2. *Stellen Sie für sich persönlich den wichtigsten Vor- und Nachteil heraus.*
3. *„Jede Technik ist so gut wie ihre Bediener." Interpretieren Sie diese Aussage in Bezug auf die Digitalisierung in der Hauswirtschaft.*

Mehr Zeit für den Menschen und „die schönen Dinge"

http://andreas-pfund.de/archivierung/elektronische_archivierung/merkmale_aufbau_elektronisches_archiv.php/ zuletzt aufgerufen am 31.03.2021
https://healthcare-in-europe.com/de/news/soziale-assistenzsysteme-helfer-mit-schattenseiten.html/ zuletzt aufgerufen am 31.03.2021
https://praxistipps.chip.de/wie-funktioniert-ein-3d-drucker-verstaendlich-erklaert_45124/ zuletzt aufgerufen am 31.03.2021
http://digitale-kueche.com/kuehlschrank-thermometer/ zuletzt aufgerufen am 31.03.2021
https://dbis.informatik.uni-rostock.de/forschung/schwerpunkte/assistenzsysteme/ zuletzt aufgerufen am 31.03.2021
https://de.wikipedia.org/wiki/Figur-Grund-Wahrnehmung zuletzt aufgerufen am 31.03.2021
https://www.1-2-social.de/blog/social-media-fur-b2c-unternehmen/ zuletzt aufgerufen am 31.03.2021
https://www.bsi-fuer-buerger.de/BSIFB/DE/DigitaleGesellschaft/IoT/IoT_node.html/ zuletzt aufgerufen am 31.03.2021
https://www.computerbild.de/artikel/cb-Ratgeber-Kurse-Wissen-Alles-ueber-Computerviren-2252082.html zuletzt aufgerufen am 31.03.2021
https://www.datenschutzexperte.de/blog/datenschutz-im-internet/signal-datenschutz/ zuletzt aufgerufen am 31.03.2021
https://www.deutsche-handwerks-zeitung.de/flottenmanagement-von-gps-ortung-bis-ferndiagnose/150/19529/371975/ zuletzt aufgerufen am 31.03.2021
https://www.deutschlandfunk.de/smart-home-das-intelligente-haus-setzt-sich-immer-mehr-durch.684.de.html?dram:article_id=482013/ zuletzt aufgerufen am 31.03.2021
https://www.focus.de/finanzen/experten/dsgvo-checkliste-10-dinge-die-sie-beachten-muessen_id_8963747.html zuletzt aufgerufen am 31.03.2021
https://www.gastroinfoportal.de/news/gastroinfoportal-technikundausstattung-kuechentechnik/digital/ zuletzt aufgerufen am 31.03.2021
https://www.glasfaser-internet.info/#images zuletzt aufgerufen am 31.03.2021
https://www.homeandsmart.de/trendmonitor-umfrage-smart-home zuletzt aufgerufen am 31.03.2021
https://www.homeandsmart.de/7-fakten-zur-sprachsteuerung zuletzt aufgerufen am 31.03.2021
https://www.homeandsmart.de/idc-smart-home-wachstumsmarkt-studie zuletzt aufgerufen am 31.03.2021
https://www.homeandsmart.de/safewander-alarmsocken-fuer-demenzkranke-personen zuletzt aufgerufen am 31.03.2021
https://www.homeandsmart.de/was-ist-ein-smart-home zuletzt aufgerufen am 31.03.2021
https://www.homeandsmart.de/smart-home-datenschutz zuletzt aufgerufen am 31.03.2021
https://www.html-seminar.de/webdesign-gesetz-der-erfahrung.html zuletzt aufgerufen am 31.03.2021
https://www.ingenieur.de/technik/fachbereiche/ittk/autonomer-roboter-eliminiert-krankenhauskeime-mit-uv-c-licht zuletzt aufgerufen am 31.03.2021
https://www.internet-abc.de/eltern/familie-medien/kommunikation-handy-whatsapp-facebook/netiquette-40-zeitgemaesse-regeln-fuer-den-umgang-im-netz/ zuletzt aufgerufen am 31.03.2021
https://www.it-business.de/die-top-5-der-spam-gefahren-a-330481/ zuletzt aufgerufen am 31.03.2021
https://www.manager-magazin.de/unternehmen/karriere/e-mail-schreiben-diese-neun-punkte-sollten-sie-beachten-a-1087956.html, zuletzt aufgerufen am 31.03.2021
https://www.planet-wissen.de/technik/computer_und_roboter/kuenstliche_intelligenz zuletzt aufgerufen am 31.03.2021
https://www.planet-wissen.de/technik/computer_und_roboter/virtuelle_welten/index.html zuletzt aufgerufen am 31.03.2021
https://www.sem-deutschland.de/inbound-marketing-agentur/online-marketing-glossar/social-media-marketing/ zuletzt aufgerufen am 31.03.2021
https://praxistipps.chip.de/dect-ule-der-funkstandard-einfach-erklaert_106778/ zuletzt aufgerufen am 31.03.2021
https://praxistipps.chip.de/threema-und-dsgvo-alle-infos-zur-sicherheit-des-messengers_107409 zuletzt aufgerufen am 31.03.2021
https://rfid-finder.com/rfid-anwendungsbereiche/rfid-tag-textilidentifikation/ zuletzt aufgerufen am 31.03.2021
https://www.smart-wohnen.de/haus-garten/artikel/sprachsteuerung-das-steckt-dahinter/ zuletzt aufgerufen am 31.03.2021
https://www.staubsaugerroboter-tests.de/saugroboter-vorteile-und-nachteile, zuletzt aufgerufen am 31.03.2021
https://www.tecchannel.de/a/datenrettung-professionelle-hilfe-statt-datenverlust,401608,2/ zuletzt aufgerufen am 31.03.2021
https://www.test.de/Internet-der-Dinge-Was-ist-das-was-bringt-das-wie-riskant-ist-das-4993088-0 zuletzt aufgerufen am 31.03.2021
https://www.test.de/Kuenstliche-Intelligenz-Die-Zukunft-ist-schon-da-5440282-0/ zuletzt aufgerufen am 31.03.2021
https://www.toushenne.de/design/gestaltgesetze-der-wahrnehmung.html zuletzt aufgerufen am 31.03.2021
https://www.verbraucherzentrale.de/sites/default/files/2021-01/Messenger-Vergleiche_Tabelle_2021_VZNRW.pdf zuletzt aufgerufen am 31.03.3031
https://wirtschaftslexikon.gabler.de/definition/rfid-51808/ zuletzt aufgerufen am 31.03.2021

© 2020 Atlassian: S. 56/1
ADLATUS Robotics GmbH, Ulm: S. 51/3
Alfred Kärcher GmbH & Co. KG, Winnenden: S. 52/3
AR-CHECK, Martin Cudzilo, Frankfurt am Main: S. 53/1,2
Baumann, Karoline, Waldenburg: S. 42/1–3
BDH – Bundesverband der Deutschen Heizungsindustrie, Köln: S. 46/2
Blue Ocean Robotics und UVD Robots, Odense, Dänemark: S. 52/1
Bundeszentrum für Ernährung (BZfE) in der Bundesanstalt für Landwirtschaft und Ernährung, Bonn: S. 58/1–3
Cross Media Solutions GmbH, Würzburg: S. 9; 11/2,3; 23/2; 26/2; 31/1; 32/2; 33/2; 34/2; 35/3; 36/2,3; 43/1; 56/2,3
Deutsche Gesellschaft für Ernährung e. V. (DGE), Bonn: S. 15/2
ESET Deutschland GmbH, Jena: S. 11/1
Fracalossi, Denis, Hamburg: S. 54/3
GastroSmart – powered by maicap GmbH, Berlin (https://www.gastro-smart.com/kalkulation-gastronomie): S. 15/1
iStockphoto, Berlin: S. 18/2 (YinYang); 19/1 (DragonImages); 19/4 (MarcusPhoto1); 19/6 (YinYang); 38/3 (elenabs)
konka apps – Eine Marke der kamasys GmbH, Berlin: S. 58/4
Pfund, Andreas, Hamburg (Lagergut Digital GmbH, Krefeld): S. 10
RATIONAL Aktiengesellschaft, Landsberg am Lech: S. 49/1,3; 50/2
sebag, Solingen: S. 57/1–3
Shutterstock Images LLC, New York, USA: S. 3/1 (any_keen); 3/2 (Olga Popova); 3/3 (rangizzz); 3/4 (effective stock photos); 3/5 (Bohbeh); 3/7 (ekkapon); 3/8 (iceink); 3/9 (indigolotos); 3/10 (cluckva); 3/12 (mikiekwoods); 4/1 (Joe Besure); 4/2 (Sergey Ko); 4/3 (Joe Besure); 4/4 (Ievgenii Meyer); 4/5 (Syafiq Adnan); 5/1 (VasutinSergey); 5/2 (Tommy Lee Walker); 6 (Kittichai); 7/1 (worldofstock); 7/2 (Yganko); 12 (Syafiq Adnan); 14/1 (cellin_art); 14/2 (Piter Kidanchuk); 14/4 (Andy Dune); 14/5 (TotemArt); 17 (Kluva); 18/1 (REDPIXEL.PL); 18/3 (Mariusz Szczygiel); 19/2 (Mariusz Szczygiel); 19/3 (Laszlo66); 19/7 (Tyler Olson); 19/8 (Sergey Novikov); 19/9 (Jacob Lund); 20/1 (banderlog); 23/1 (Gajus); 27 (abimages); 29 (Vasin Lee); 31/2 (Natty_Blissful); 32/1 (Market Vector); 33 (Cosmic_Design); 34/1 (wutzkohphoto); 36/1a,b (Puckung); 36/1c (browndogstudios); 36/1d (nikolae); 36/1e (13ree.design); 36/1f (Piter Kidanchuk); 37/1 (Proxima Studio); 37/2 (Oleksiy Mark); 38/1a (Alexandr III); 38/1b (phipatbig); 38/1c (frikota); 39/1 (Twin Design); 39/2 (marketlan); 39/3 (peterschreiber.media); 40/1 (seewhatmitchsee); 40/2 (PixieMe); 40/3 (Pere Rubi); 40/4 (Serghei Starus); 41/1 (RossHelen); 41/2 (Andrey_Popov); 45/2 (Quality Stock Arts); 46/1 (Andrey_Popov); 47 (Antonello Marangi); 48/1 (Angela Ostafichuk); 48/2 (Production Perig); 49/2 (Albert Garrido); 49/2a (nepool); 50/1 (Proxima Studio); 51/1 (Andrew Angelov); 51/2 (REDPIXEL.PL); 52/2 (derter); 54/1 (jafara); 54/2 (jafara); 55/1 (Tatchaphol); 55/2 (studicon); 56/2; 56/2a (Puckung); 56/2b (Puckung); 56/2c (browndogstudios); 56/2d (nikolae); 56/2e (13ree.design); 56/2f (Piter Kidanchuk) ; 59 (Halfpoint)
SocialMediaStatistik.de – DER Social-Media-Blog und Statistikpool/ ARD/ZDF-Onlinestudie 2019 (https://socialmediastatistik.de/somestat/wp-content/uploads/ard-zdf-onlinestudie-2019-social-media.png): Digitales Zusatzmaterial zu Seite 29
stock.adobe.com: S. 2 (W. Apolloner); 3/6 (Cobalt); 3/11 (ganko); 16 (ganko); 19/2a (kartoxjm); 19/5 (Fotowerk); 19/6a (kartoxjm); 20/2a (zergkind); 20/2b,3a (womue); 20/3b (zergkind); 21/1 (womue); 22 (Yasonya); 26/1 (belamy); 28/2 (Maksim Pasko); 37/3 (vege); 38/2 (Warakorn); 46/3 (robu_s)
TUNSTALL GmbH, Telgte: S. 43/2
Verlag Handwerk und Technik GmbH, Hamburg: S. 28/1,2a; 35/1
Wikipedia.de, by Bryan Derksen, CC BY-SA 3.0 (https://commons.wikimedia.org/w/index.php?curid=1733355): S. 35/2
Winterhalter Gastronom GmbH, Meckenbeuren: S. 50/3
Wolf, Sylvia, Wiesbaden: S. 45/1
YAZIO GmbH, Erfurt: S. 57/4,5